Uctívat
v Duchu a v pravdě

Pravá bohoslužba

Dr. Jaerock Lee

*„Ale přichází hodina, ano již je tu,
kdy ti, kteří Boha opravdově ctí,
budou ho uctívat v Duchu a v pravdě.
A Otec si přeje, aby ho lidé takto ctili.
Bůh je Duch a ti, kdo ho uctívají,
mají tak činit v Duchu a v pravdě."
(Jan 4:23-24)*

Uctívat v Duchu a v pravdě Dr. Jaerock Lee
Vydavatelství Urim Books (Zástupce: Johnny. H. Kim)
235-3, Guro-dong 3, Guro-gu, Seoul, Korea
www.urimbooks.com

Všechna práva vyhrazena. Tato kniha ani žádná její část se bez předchozího písemného povolení vydavatele nesmí žádným způsobem množit, ukládat do vyhledávacího systému nebo jakoukoliv formou či jakýmkoliv způsobem rozšiřovat, ať už elektronicky, mechanicky, fotokopírováním, nahráváním nebo jinak.

Pokud není uvedeno jinak, všechny citace z Písma pocházejí z Bible svaté, ČESKÉHO EKUMENICKÉHO PŘEKLADU, *, Copyright © 1995 vydaného Českou biblickou společností. Použito s povolením.

Copyright © 2012 Dr. Jaerock Lee
ISBN: 979-11-263-1278-8 03230
Copyright překladu ©2012 Dr. Esther K. Chung. Použito s povolením. Do českého jazyka přeložila Ing. Lenka Bartelová.

První vydání listopad 2012

Předtím vydáno v Koreji v roce 1992 vydavatelstvím Urim Books, Soul, Korea

Úpravy: Dr. Geumsun Vin
Vnější úprava: Vydavatelství Urim Books
Více informací získáte na: urimbook@hotmail.com

Proslov

Při pohledu na izraelskou poušť jsou velmi obvyklým obrazem akáciové stromy. Tyto stromy zapouštějí kořeny stovky metrů pod povrchem a hledají podzemní vodu, aby si udržely život. Na první pohled jsou akáciové stromy dobré leda tak jako palivové dříví, jejich dřevo je však pevnější a odolnější než dřevo jakýchkoliv jiných stromů.

Bůh nařídil, aby byla schrána svědectví (také nazývaná schránou smlouvy) postavena z akáciového dřeva, potažena zlatem a umístěna do nejsvětější svatyně. Nejsvětější svatyně je posvátné místo, na kterém přebývá Bůh a na které smí vstoupit pouze velekněz. Ze stejného důvodu nebude jedinec, který zapustil kořeny v Božím slově, které je samotný život, pouze využíván jako vzácný Boží nástroj, ale bude se také těšit přehojnému požehnání ve svém životě.

Je to, jak nám říká Jeremjáš 17:8: „Bude jako strom zasazený u vody; své kořeny zapustil u vodního toku, nezakusí přicházející žár. Jeho listí je zelené, v roce sucha se ničeho neobává, nepřestává nést plody." "Voda" se zde v duchovním slova smyslu vztahuje na Boží slovo a člověk, který obdrží takové požehnání, bude

pokládat bohoslužby, na kterých se prohlašuje Boží slovo, za drahé svému srdci.
Uctívání je obřad, na kterém se projevuje úcta a zbožnost před božstvím. Stručně řečeno, když jako křesťané uctíváme, jde o obřad, během kterého děkujeme Bohu a vyzdvihujeme ho tím, že mu vzdáváme svou úctu, chválu a slávu. Jak ve starozákonní době, tak i dnes Bůh hledá a pokračuje v hledání těch, kteří ho uctívají v Duchu a v pravdě.

Ve starozákonní knize Leviticus jsou zaznamenány i ty nejnepatrnější detaily o uctívání. Někteří lidé říkají, že protože je Leviticus o zákonitostech obětování Bohu starozákonním způsobem, je pro nás dnes tato kniha nepodstatná. Tato slova by snad nemohla být vzhledem k významu zákonitostí Starého zákona ohledně uctívání, které jsou vtištěny do způsobů, jakými uctíváme dnes, mylnější. Stejně jako tomu bylo v průběhu starozákonní doby, i uctívání v novozákonní době je cestou, na které se setkáváme s Bohem. Pouze když následujeme duchovní význam starozákonních zákonitostí ohledně oběti, která byla bez viny, dokážeme Boha i v novozákonní době uctívat v Duchu a v pravdě.

Toto dílo se ponořuje do ponaučení a významu, které různé oběti mají, a to individuálním zkoumáním zápalných obětí, přídavných obětí, pokojných obětí, obětí za hřích a obětí za vinu a toho, jak se vztahují na nás žijící v novozákonní době. To nám pomůže do detailů objasnit, jak máme sloužit Bohu. Abych usnadnil čtenářům porozumět zákonitostem ohledně obětí, obsahuje toto dílo barevné obrázky panoramatického pohledu na příbytek, interiér svatyně a nejsvětější svatyně a na rozmanité nástroje spojené s uctíváním.

Bůh nám říká: „Proto buďte svatí, neboť já jsem svatý" (Leviticus 11:45; 1 Petrův 1:16) a touží potom, aby každý z nás zcela porozuměl zákonitostem obětí zaznamenaným v knize Leviticus a vedl posvěcený život. Mám naději, že porozumíte každému aspektu přinášení obětí ve starozákonní době a uctívání v době novozákonní. Rovněž doufám v to, že přezkoumáte způsob, jakým uctíváte a začnete uctívat Boha způsobem, jaký se mu líbí.

Ve jménu našeho Pána Ježíše Krista se modlím, aby tak jako se Šalomoun zalíbil Bohu tím, že obětoval tisíc zápalných obětí, se každý čtenář tohoto díla nechal používat Bohem jako jeho vzácný nástroj a abyste se jako strom zasazený u vody mohli těšit z přetékajícího požehnání tím, že budete vydávat vůni lásky a vděčnosti díky tomu, že budete Boha uctívat v Duchu a v pravdě!

Únor 2010
Dr. Jaerock Lee

Obsah

Uctívat v Duchu a v pravdě

Proslov

Kapitola 1
Pravá bohoslužba je Bohu milá   1

Kapitola 2
Obětování ve Starém zákoně zaznamenané v knize Leviticus   17

Kapitola 3
Zápalná oběť   43

Kapitola 4
Přídavná oběť   67

Kapitola 5
Pokojná oběť   83

Kapitola 6
Oběť za hřích   95

Kapitola 7
Oběť za vinu   111

Kapitola 8
Přinášet své tělo jako živou a svatou oběť   123

Kapitola 1

Pravá bohoslužba je Bohu milá

„Bůh je Duch a ti, kdo ho uctívají, mají tak činit v Duchu a v pravdě."

Jan 4:24

1. Obětování ve starozákonní době a uctívání v novozákonní době

Původně byl Adam, první stvořený člověk, stvořením, které mohlo mít přímý a důvěrný vztah s Bohem. Potom, co ho pokoušel satan a dopustil se hříchu, bylo Adamovo důvěrné přátelství s Bohem přerušeno. Kvůli Adamovi a jeho potomkům pak Bůh připravil cestu odpuštění a spasení a rovněž otevřel cestu, prostřednictvím které mohli obnovit svou komunikaci s Bohem. Tuto cestu lze nalézt v metodách obětování starozákonní doby, které Bůh ve své laskavosti ustanovil.

Obětování ve starozákonní době nevymyslel člověk. Nařídil ho a zjevil ho Bůh samotný. Dozvídáme se o tom z knihy Leviticus od verše 1:1 dále: „I zavolal Hospodin Mojžíše a promluvil k němu ze stanu setkávání:..." Můžeme to také vydedukovat z pasáže o obětních darech, které Bohu předkládali Adamovi synové Kain a Ábel (Genesis 4:2-4).

Tyto obětní dary, podle významu každého z nich, se řídí konkrétními pravidly. Rozdělují se na zápalné oběti, přídavné oběti, pokojné oběti, oběti za hřích a oběti za vinu. V závislosti na závažnosti hříchu člověka a na jeho možnostech mohli lidé obětovat býčky, beránky, kozy, holuby a mouku. Kněží, kteří vykonávali obětní obřady, museli ve svém životě uplatňovat sebeovládání, být rozvážní ve svém chování, odívat se do efódu, aby byli odlišeni a přinášet oběti připravené s největší možnou péčí podle pevně stanovených pravidel. Takové oběti měly své vnější formality, které byly komplikované a přísné.

Když člověk ve starozákonní době zhřešil, mohl být vykoupen pouze tím, že přinesl oběť za hřích zabitím zvířete a skrze krev zvířete byl jeho hřích odčiněn. Nicméně, stejná krev zvířat obětovaných rok co rok nemohla lidi zcela zprostit jejich hříchů. Tyto oběti byly dočasným odčiněním a usmířením, a tudíž nebyly dokonalé. To proto, že úplné vykoupení člověka z hříchu je možné pouze životem člověka. 1 Korintským 15:21 nám říká: „A jako vešla do světa smrt skrze člověka, tak i zmrtvýchvstání." Z tohoto důvodu přišel na tento svět v lidském těle Ježíš, Boží Syn, a třebaže byl bez hříchu, prolil svou krev na kříži a zemřel na něm. Protože byl Ježíš jednou provždy obětován (Židům 9:28), není zde už žádná potřeba po krvavých obětech, které vyžadují složitá a tvrdá pravidla.

Jak čteme v Židům 9:11-12: „Ale když přišel Kristus, velekněz, který nám přináší skutečné dobro, neprošel stánkem zhotoveným rukama, to jest patřícím k tomuto světu, nýbrž stánkem větším a dokonalejším. A nevešel do svatyně s krví kozlů a telat, ale jednou provždy dal svou vlastní krev, a tak nám získal věčné vykoupení," Ježíš dosáhl věčného vykoupení.

Díky Ježíši Kristu již nepřinášíme Bohu krvavé oběti, ale můžeme před něj předstoupit a přinést mu živou a svatou oběť. Tou je v novozákonní době bohoslužba. Protože Ježíš přinesl za hříchy jedinou oběť provždy tím, že byl přibit na kříž a prolil svou krev (Židům 10:11-12), tak když ze srdce věříme, že jsme byli vykoupeni z hříchů a přijmeme Ježíše Krista, můžeme získat odpuštění svých hříchů. Není to obřad kladoucí důraz na skutek, ale projev víry, která vyvěrá z našeho srdce. Je to živá a svatá oběť a pravá bohoslužba (Římanům 12:1).

To ale neznamená, že byly oběti starozákonní doby zrušeny. Pokud je Starý zákon stínem, potom je Nový zákon úplnou podobou. Co se týče Zákona, zákonitosti obětování ve Starém zákoně Ježíš zdokonalil v Novém zákoně. V novozákonní době byly formality pouze změněny v bohoslužbu. Zrovna jako si Bůh cenil nevinných a čistých obětí ve starozákonní době, bude v novozákonní době potěšen naší bohoslužbou, kterou mu budeme přinášet v Duchu a v pravdě. Přísné formality a procedury zdůrazňovaly nejenom navenek viditelné obřady, ale nesly si v sobě také duchovní význam velikých hloubek. Slouží jako ukazatel, kterým můžeme zkoumat svůj přístup k uctívání.

Nejprve se po odškodnění nebo převzetí zodpovědnosti skutkem za chyby před bližními, bratry nebo Bohem (oběť za vinu) musí věřící podívat zpět na svůj život během předchozího týdne, vyznat své hříchy a hledat odpuštění (oběť za hřích) a až potom uctívat s čistým srdcem a největší upřímností (zápalná oběť). Když se zalíbíme Bohu tím, že mu přineseme oběti připravené s největší možnou péčí s vděčností za jeho milost, která nás ochraňovala v průběhu minulého týdne (přídavná oběť) a tím, že mu povíme touhy svého srdce (pokojná oběť), on naplní touhy našeho srdce a dá nám sílu a moc překonat svět. Jako takových je v bohoslužbách novozákonní doby zahrnuto mnoho významů zákonitostí obětí Starého zákona. Zákony ohledně obětování ve starozákonní době budou do větších podrobností prozkoumány od kapitoly 3 dále.

2. Uctívání v Duchu a v pravdě

V Janovi 4:23-24 nám Ježíš říká: „Ale přichází hodina, ano již je tu, kdy ti, kteří Boha opravdově ctí, budou ho uctívat v Duchu a v pravdě. A Otec si přeje, aby ho lidé takto ctili. Bůh je Duch a ti, kdo ho uctívají, mají tak činit v Duchu a v pravdě." Toto je úsek z toho, co řekl Ježíš ženě, kterou náhodou potkal u studny v samařském městě Sychar. Žena se ptala Ježíše, který s ní začal konverzaci tím, že ji požádal o vodu, na místo uctívání Boha, téma, které bylo po dlouhou dobu předmětem její zvědavosti (Jan 4:19-20).

Zatímco Židé přinášeli oběti v Jeruzalémě, kde se nacházel chrám, Samařané přinášeli oběti na hoře Gerizímu. To proto, že když byl Izrael v době vlády Šalomounova syna Rechabeáma rozdělen na dvě části, Izrael na severu vybudoval vyvýšené místo, aby zabránil lidem prorážet si cestu k jeruzalémskému chrámu. Protože si toho žena byla vědoma, chtěla znát správné místo pro uctívání Boha.

Pro izraelský lid má místo uctívání důležitý význam. Protože Bůh byl přítomný v chrámu, oddělili ho a věřili, že je to střed vesmíru. Nicméně protože je postoj srdce, s jakým člověk uctívá Boha, důležitější než místo nebo poloha místa uctívání, tak zatímco Ježíš odhalil sám sebe jako Mesiáše, dal také lidem na srozuměnou, že se jejich chápání toho, jak se má uctívat, musí obnovit.

Co znamená "uctívat v Duchu a v pravdě"? "Uctívat v Duchu" znamená učinit si chléb z Božího slova obsaženého v 66 knihách Bible vedeni a naplněni Duchem svatým a uctívat z hloubi svého srdce společně s Duchem svatým, který v nás přebývá. "Uctívat v pravdě" znamená společně se správným chápáním Boha uctívat Boha celým svým tělem, srdcem, vůlí a s veškerou upřímností mu projevenou v radosti, vděčnosti, modlitbě, chvále, skutku a obětích.

Zda Bůh naše uctívání přijme nebo ne, nezáleží na našem vnějším vzezření nebo na velikosti našich obětí, ale na míře péče, kterou mu věnujeme za svých individuálních okolností. Bůh rád přijme a odpoví na touhy srdce těch, kteří ho uctívají z hloubi svého srdce a přinášejí mu dobrovolně dary. Avšak nepřijme uctívání od nestydatých lidí, jejichž srdce jsou povýšená a dbají pouze na to, co si o nich druzí myslí.

3. Přinášet Bohu uctívání, které je mu milé

My, kteří žijeme v novozákonní době, kdy celý Zákon naplnil Ježíš Kristus, musíme uctívat Boha dokonalejším způsobem. To proto, že láska je největším přikázáním, které nám dal Ježíš Kristus, který naplnil Zákon láskou. Uctívání je tedy projevem naší lásky k Bohu. Někteří lidé vyznávají svou lásku k Bohu svými ústy, ale ze způsobu, jakým ho uctívají, se občas zdá sporné, zda skutečně milují Boha z hloubi svého srdce.

Kdybychom se měli setkat s někým, kdo je služebně starší nebo je starší věkem, upravili bychom si svůj oděv, srovnali držení těla a připravili na to své srdce. Kdybychom se mu chystali dát dárek, připravili bychom dárek bez nejmenší chybičky a s maximální možnou péčí. Bůh je Stvořitel všeho ve vesmíru a je hoden slávy a chvály od svého stvoření. Máme-li uctívat Boha v Duchu a v pravdě, nemůžeme být před ním nikdy neuctiví. Musíme se podívat zpět na sebe, abychom prozkoumali, zda jsme nebyli neuctiví a ujistit se, zda se účastníme bohoslužeb celým svým tělem, srdcem, vůlí a s maximální péčí.

1) Nemůžeme na bohoslužby chodit pozdě.

Protože uctívání je obřad, při kterém uznáváme duchovní autoritu neviditelného Boha, uznáváme ho ze srdce pouze tehdy, když se držíme pravidel a zásad, které ustanovil. Proto je nepatřičné chodit na bohoslužby pozdě, ať jsou důvody jakékoliv.

Protože doba bohoslužby je doba, kterou jsme Bohu slíbili věnovat, musíme dorazit dříve, než bohoslužba začne, pohroužit se do modliteb a připravit na bohoslužbu své srdce. Kdybychom se měli setkat s králem, prezidentem nebo ministerským předsedou, bezpochyby bychom dorazili brzy a čekali na něj s připraveným srdcem. Jak se potom můžeme opozdit nebo se přiřítit na poslední chvíli, když se máme setkat s Bohem, který je nesrovnatelně větší a majestátnější?

2) Musíme věnovat plnou pozornost slovu.

Pastýř (pastor) je duchovní, který byl pomazán Bohem; je ekvivalentem ke knězi ve starozákonní době. Pastýř, který byl ustaven, aby prohlašoval Slovo z posvátného oltáře, je vůdce, který vede stádo oveček do nebe. Proto Bůh pohlíží na skutek neuctivosti nebo neposlušnosti vůči pastýři jako na skutek neuctivosti nebo neposlušnosti vůči Bohu samotnému.

V Exodu 16:8 narazíme na to, že když izraelský lid reptal a stavěl se proti Mojžíšovi, činili tak ve skutečnosti proti Bohu samotnému. Když v 1 Samuelově 8:4-9 lid neuposlechl proroka Samuela, Bůh to pokládal za skutek neposlušnosti vůči sobě. Z toho důvodu, pokud mluvíte s člověkem sedícím vedle vás, nebo pokud se vaše mysl zaobírá prázdnými myšlenkami, když pastýř pronáší slovo jménem Boha, jste před Bohem neuctiví.

Zdřímnout si nebo spát během bohoslužby je rovněž skutek nevhodného chování. Dokážete si představit, jak neslušné by bylo, kdyby tajemník nebo ministr usnuli během setkání pořádaného prezidentem? Ze stejného důvodu, schrupnout si nebo usnout v modlitebně, která je tělem našeho Pána, je skutek neúcty před Bohem, pastýřem a bratry a sestrami ve víře.

Rovněž je nepřijatelné uctívat Boha se zlomeným duchem. Bůh nepřijme uctívání, které mu předložíme bez sebemenší vděčnosti a radosti vprostřed zármutku. Proto se musíme účastnit bohoslužeb s dychtivým očekáváním poselství pramenícího z naděje v nebe a se srdcem vděčným za milost spasení a lásky. Také je nevhodné třást člověkem nebo mluvit na člověka, který se modlí k Bohu. Zrovna jako nesmíte přerušit konverzaci mezi sobě rovným člověkem a starším člověkem, je neuctivé přerušit konverzaci člověka s Bohem.

3) Před návštěvou bohoslužby bychom neměli požít alkohol a kouřit.

Bůh nebude pokládat neschopnost nového věřícího skoncovat s pitím a kouřením v důsledku jeho slabé víry za hřích. Nicméně jestliže byl člověk pokřtěný a zastává nějaké postavení v církvi, přesto však nadále pokračuje v pití a kouření, je to před Bohem skutek neúcty.

Dokonce i nevěřící si myslí, že je nevhodné a špatné jít do církve opilý nebo hned po vykouření cigarety. Když člověk vezme v úvahu řadu problémů a hříchů pramenících z pití a kouření, bude moci pravdivě rozlišit, jak se má jako Boží dítě chovat.

Kouření způsobuje různé druhy rakoviny, a proto škodí tělu, zatímco pití, které vede k opilosti, může být zdrojem nepatřičného chování a nevhodných řečí. Jak může věřící, který kouří nebo pije, sloužit jako příklad Božího dítěte, když jeho chování může Boha zdiskreditovat? Proto, pokud máte opravdovou víru, musíte rychle zavrhnout své dřívější způsoby života. Třebaže jste začátečníkem ve víře, vyvinout veškeré možné úsilí k tomu, abyste zavrhli dřívější způsoby života, znamená projevit Bohu úctu svým chováním.

4) Nesmíme na bohoslužbě vyrušovat ani poskvrňovat její atmosféru.

Modlitebna je posvátné místo, oddělené pro uctívání Boha, modlitby k Bohu a chválení Boha. Kdyby rodiče dovolili svým dětem plakat, dělat hluk nebo divoce pobíhat, dítě by zabránilo ostatním členům církve uctívat Boha celým jejich srdcem. To je před Bohem nevhodné.

Rovněž je neuctivé se v modlitebně rozčilovat nebo hněvat nebo se bavit o něčím podnikání nebo zábavě. Žvýkání, hlasitý hovor s lidmi vedle vás nebo vstávání a odcházení z modlitebny uprostřed bohoslužby také poukazuje na nedostatek úcty. Nošení klobouků, triček, tílek nebo žabek či papučí na bohoslužbu je odklánění se od správných způsobů. Vnější vzhled není důležitý, ale vnitřní postoj člověka a jeho srdce se často odráží v jeho vnějším vzhledu. Péče, se kterou se člověk připravuje na bohoslužbu, se projevuje v jeho oděvu a na jeho zevnějšku.

Správně chápat Boha a to, po čem Bůh touží, nám umožňuje mu přinášet pravou bohoslužbu, která mu bude milá. Když uctíváme Boha způsobem, který se mu líbí – když ho uctíváme v Duchu a v pravdě – dá nám moc ho pochopit, a tak si můžeme toto pochopení vtisknout hluboko do svého srdce, nést hojné ovoce a těšit se z úžasné milosti a požehnání, kterými nás zaplaví.

4. Život poznamenaný uctíváním v Duchu a v pravdě

Když uctíváme Boha v Duchu a v pravdě, naše životy se obnoví. Bůh chce, aby byl život každého člověka jako celek životem poznamenaným uctíváním v Duchu a v pravdě. Jak se máme sami chovat, abychom Bohu přinesli pravou bohoslužbu, kterou rád přijme?

1) Musíme se stále radovat.

Opravdová radost nepramení pouze z důvodů k radosti, ale pociťujeme ji, i když čelíme bolestivým a obtížným věcem. Ježíš Kristus, kterého jsme přijali jako svého Spasitele, je sám o sobě důvodem, proč bychom se měli stále radovat, protože na sebe vzal všechna naše prokletí.

Když jsme byli na cestě ke zkáze, vykoupil nás z hříchu tím, že prolil svou krev. Vzal na sebe naši chudobu i naše nemoci a uvolnil pouta hrůzy slz, bolesti, zármutku a smrti. Kromě toho zničil autoritu smrti a byl vzkříšen, čímž nám dal naději ve vzkříšení a umožnil nám získat opravdový život a překrásné nebe.

Pokud získáme Ježíše Krista vírou jako zdroj své radosti, potom nám nebude zbývat nic jiného, než se radovat. Protože budeme mít úžasnou naději v život po životě a bude nám dáno věčné štěstí, tak třebaže nebudeme mít jídlo a v rodině nás budou svazovat problémy, a i když nás bude obklopovat trápení a pronásledování, realita pro nás bude vedlejší. Potud, pokud naše srdce naplněné láskou k Bohu nezaváhá a naše naděje v nebe nebude otřesena, naše radost nikdy nezmizí. A tak když budou naše srdce naplněna Boží milostí a nadějí v nebe, vytryskne z nás radost v jakékoliv chvíli a obtíže se o to rychleji změní v požehnání.

2) Nesmíme ustat v modlitbách.

Pro "v modlitbách neustávejte" existují tři významy. Za prvé, modlit se ze zvyku. I Ježíš po celou svou službu vyhledával tichá místa, na kterých se mohl modlit podle "svého zvyku". Daniel se modlil pravidelně třikrát denně a Petr a ostatní učedníci si rovněž vyhrazovali čas na modlitby. Také my se musíme pravidelně modlit, abychom naplnili množství modliteb a abychom zajistili, že se olej Ducha svatého nikdy nevyčerpá. Až poté můžeme porozumět Božímu slovu během bohoslužeb a obdržet sílu žít podle Božího slova.

Dále, "v modlitbách neustávejte" znamená modlit se v době, která není pevně daná podle rozvrhu nebo zvyku. Jsou chvíle, kdy nás Duch svatý donutí modlit se i mimo dobu, kdy jsme zvyklí se modlit. Často slyšíme svědectví od lidí, kteří se vyhnuli obtížím nebo byli ochráněni a střeženi před nehodou, když v takové chvíli poslechli a modlili se.

A nakonec, "v modlitbách neustávejte" znamená přemýšlet nad Božím slovem dnem a nocí. Bez ohledu na to kde, s kým nebo co člověk dělá, pravda v jeho srdci musí být živá a aktivně dělat svou práci.

Modlitba je pro našeho ducha jako dýchání. Zrovna jako tělo umírá, když se v něm zastaví dýchání, ustání v modlitbách povede k oslabení a nakonec ke smrti ducha. Dá se říct, že člověk "neustává v modlitbách", když nejenom volá v modlitbách k Bohu v určitou dobu, ale také když přemýšlí dnem a nocí nad Božím slovem a žije podle něho. Když si Boží slovo udělá příbytek v jeho srdci a on vede svůj život ve společenství s Duchem svatým, tak se mu v každém aspektu jeho života daří a bude ho jasně a důvěrně vést Duch svatý.

Zrovna jako nám Bible říká, abychom "hledali nejprve jeho království a spravedlnost", tak když se modlíme za Boží království – Boží prozíravost a spasení duší – namísto za sebe, Bůh nám požehná ještě hojněji. Přesto existují lidé, kteří se modlí, když čelí problémům nebo když vnímají, že jim něco chybí, ale potom si dají od modliteb pauzu, když jsou v pohodě. Jiní se zase horlivě modlí, když jsou naplněni Duchem svatým, ale dají si od modliteb pauzu, když tuto plnost ztratí.

Nicméně, musíme vždy sebrat svá srdce a pozvednout k Bohu vůni modliteb, které se mu líbí. Dokážete si představit, jak mučivé a obtížné je ze sebe vymáčknout slova proti své vůli a snažit se pouze naplnit dobu modliteb, zatímco se rovněž snažíte zahnat ospalost a prázdné myšlenky. A tak pokud na sebe věřící pohlíží jako na toho, kdo má určitý stupeň víry, přesto má stále takové potíže a cítí, že je pro něj obtížné mluvit s Bohem, neměl by být zahanbený vyznat svou "lásku" k Bohu? Pokud se cítíte, jako: ‚Moje modlitby jsou duchovně jednotvárné a strnulé,' zkoumejte sami sebe, abyste viděli, jak radostní a vděční jste.

Je zcela jisté, že když je srdce člověka vždy naplněno radostí a vděčností, modlitby budou probíhat v plnosti Ducha svatého a nebudou strnulé, ale budou pronikat do větší hloubky. Člověk nebude mít pocit, že je neschopný se modlit. Namísto toho, čím obtížněji to jde, tím více bude člověk žíznit po Boží milosti, která ho donutí volat k Bohu ještě naléhavěji a jeho víra bude pouze krok za krokem růst.

Když bez ustání voláme v modlitbách z hloubi svého srdce, poneseme přehojné ovoce modlitby. Navzdory jakýmkoliv zkouškám, které nám mohou přijít do cesty, si uchováme čas pro modlitby. A do té míry, do jaké voláme v modlitbách k Bohu, duchovní hloubky víry a lásky porostou a my budeme sdílet milost také s ostatními. Proto je pro nás rozkazem se bez ustání modlit v radosti a vděčnosti, abychom obdrželi odpovědi od Boha v podobě překrásného ovoce na duchu a na těle.

3) Musíme za všech okolností děkovat.

Jaké máte důvody k vděčnosti? Nade vše jiné je tu skutečnost, že my, kteří jsme byli předurčeni zemřít, jsme byli spaseni a můžeme vstoupit do nebe. Skutečnost, že máme všechno včetně svého denního chleba a dobrého zdraví, je dostatečným důvodem k tomu, abychom děkovali. Kromě toho můžeme být vděční navzdory jakémukoliv trápení a zkouškám, protože věříme ve všemohoucího Boha.

Bůh zná každý úlomek z našich okolností a situací a slyší všechny naše modlitby. Když důvěřujeme Bohu vprostřed zkoušek až do konce, povede nás k tomu, abychom šli kupředu ještě obdivuhodněji skrze tyto skutečné zkoušky.

Když jsme postiženi ve jménu našeho Pána Ježíše, nebo i když čelíme zkouškám kvůli svým vlastním chybám nebo nedostatkům, tak pokud opravdově důvěřujeme v Boha, potom přijdeme na to, že jediná věc, kterou můžeme udělat, je děkovat. Když máme nedostatek nebo nám něčeho ubývá, budeme o to víc vděční za moc Boha, který posiluje a zdokonaluje slabé. Dokonce když se realita, které čelíme, postupně dá stále obtížněji zvládnout a snést, budeme moci děkovat kvůli své víře v Boha.

Když děkujeme ve víře až do konce, všechny věci budou nakonec společně působit pro dobro všeho a obrátí se v požehnání.

Stále se radovat, neustat v modlitbách a za všech okolností děkovat jsou všechno měřítka, kterými měříme, kolik ovoce neseme na duchu a na těle prostřednictvím svých životů ve víře. Čím více se člověk snaží radovat bez ohledu na situaci, zasévat semínka radosti a děkovat z hloubi svého srdce přitom, jak hledá důvody být vděčný, tím více ovoce radosti a vděčnosti ponese. Stejné je to s modlitbou; čím větší úsilí v modlitbě vyvineme, tím větší moc a odpovědi budeme sklízet jako ovoce.

Proto mám naději, že tím, že každý den svým životem, ve kterém se stále radujete, neustáváte v modlitbách a děkujete, přinášíte Bohu pravou bohoslužbu, po které touží a která se mu líbí (1 Tesalonickým 5:16-18), ponesete úžasné a přehojné ovoce na duchu i na těle.

Kapitola 2

Obětování ve Starém zákoně zaznamenané v knize Leviticus

„‚I zavolal Hospodin Mojžíše a promluvil k němu ze stanu setkávání: ‚Mluv k synům Izraele a řekni jim: „Když někdo z vás přinese dar Hospodinu, přinesete svůj dar z dobytka, ze skotu nebo z bravu."'"

Leviticus 1:1-2

1. Důležitost knihy Leviticus

Často se říká, že Zjevení v Novém zákoně a Leviticus ve Starém zákoně jsou nejobtížnější části Bible k pochopení. Z toho důvodu někteří lidé při čtení Bible tyto části přeskakují, zatímco jiní si myslí, že zákonitosti přinášení obětí ve starozákonní době pro nás dnes nejsou důležité. Nicméně pokud by tyto části pro nás byly bezvýznamné, neexistuje důvod, proč by je Bůh nechal zaznamenat do Bible. Protože každé slovo v Novém zákoně stejně jako každé slovo ve Starém zákoně jsou pro náš život v Kristu nezbytné, Bůh je nechal zapsat do Bible (Matouš 5:17-19).

Zákonitosti obětování ze starozákonní doby nemáme v novozákonní době jen tak odhodit. Zrovna jako tomu je s celým Zákonem, zákonitosti obětování ve Starém zákoně Ježíš rovněž naplnil v Novém zákoně. Důsledky významů zákonitostí příslušejících obětování ve Starém zákoně jsou vtisknuty do každého kroku moderního uctívání v Boží modlitebně a přinášení obětí ve starozákonní době je ekvivalentní postupům v bohoslužbě v dnešní době. Jakmile přesně porozumíme zákonitostem obětování ve Starém zákoně a jejich významu, budeme moci následovat zkratku k požehnání, na které se setkáme s Bohem a zakusíme ho tak, že správně pochopíme, jak ho uctívat a jak mu sloužit.

Leviticus je část Božího slova, která se dnes vztahuje na

všechny, kdo věří v Boha. To proto, že jak zjistíme v 1 Petrově 2:5: „I vy buďte živými kameny, z nichž se staví duchovní dům, abyste byli svatým kněžstvem a přinášeli duchovní oběti, milé Bohu pro Ježíše Krista," každý kdo získal spasení skrze Ježíše Krista, může předstoupit před Boha, jako to dělávali kněží ve starozákonní době.

Kniha Leviticus je do značné míry rozdělena do dvou částí. První část se především zaměřuje na to, jak jsou nám odpuštěny hříchy. Je v podstatě tvořena zákonitostmi zabývajícími se přinášením obětí za účelem odpuštění hříchů. Rovněž popisuje předpoklady a zodpovědnosti kněží, kterým bylo svěřeno přinášení obětí mezi Bohem a lidmi. Druhá část dopodrobna zaznamenává hříchy, kterých se Boží vyvolení, jeho svatý lid, nesmí nikdy dopustit. Stručně řečeno, každý věřící se musí dozvědět Boží vůli zakotvenou v knize Leviticus, která zdůrazňuje, jak udržet posvátný vztah, který má s Bohem.

Zákonitosti obětování v Leviticu vysvětlují metodologii toho, jak máme uctívat. Zrovna jako se setkáváme s Bohem a dostáváme od něj odpovědi a požehnání prostřednictvím bohoslužeb, lidem ve starozákonní době byly odpouštěny hříchy a zakoušeli Boží působení prostřednictvím přinášených obětí. Po Ježíši Kristu si však v nás udělal příbytek Duch svatý a bylo nám umožněno mít společenství s Bohem, když ho uctíváme v Duchu a v pravdě vprostřed působení Ducha svatého.

Židům 10:1 nám říká: „V zákoně je pouze náznak budoucího

dobra, ne sama jeho skutečnost. Proto stále stejné oběti, přinášené každoročně znovu a znovu, nemohou nikdy dokonale očistit ty, kdo s nimi přicházejí." Pokud existuje skutečnost, potom existuje i náznak této skutečnosti. Dnešní "skutečnost" je fakt, že můžeme uctívat prostřednictvím Ježíše Krista, ve starozákonní době lidé udržovali svůj vztah s Bohem prostřednictvím obětí, které byly náznakem.

Přinášení obětí Bohu musí probíhat podle pravidel, po kterých Bůh touží. Bohu není milé uctívání, které mu projeví člověk, který tak činí podle toho, jak se mu zlíbí. Ve 4. kapitole knihy Genesis narazíme na to, jak Bůh přijal obětní dar od Ábela, který následoval Boží vůli, ale necenil si obětního daru od Kaina, který si vymyslel své vlastní metody obětování.

Ze stejného důvodu existuje uctívání, které se Bohu líbí a uctívání, které zbloudí od jeho pravidel, a tak se pro Boha stává bezvýznamným. V zákonitostech ohledně obětování v knize Leviticus můžeme najít praktické informace o způsobech uctívání, prostřednictvím kterých můžeme dostat Boží odpovědi a požehnání, a které se mu líbí.

2. Bůh volal k Mojžíšovi ze stanu setkávání

V knize Leviticus 1:1 čteme: „I zavolal Hospodin Mojžíše a promluvil k němu ze stanu setkávání:..." Stan setkávání je mobilní svatyně, která usnadňovala svižný pohyb izraelskému lidu žijícímu v poušti a zároveň je to místo, kde Bůh volal k Mojžíšovi. Stan setkávání se vztahuje na příbytek skládající se ze svatyně a nejsvětější svatyně (Exodus 30:18, 30:20, 39:32 a 40:2). Může se rovněž společně vztahovat na příbytek stejně jako na zástěny obklopující nádvoří (Numeri 4:31, 8:24).

Po exodu a na své cestě do kenaanské země strávil izraelský lid dlouhou dobu na poušti a musel být neustále v pohybu. Z toho důvodu nemohl být chrám, kde se přinášely oběti Bohu, vystavěn v pevné příslušenství, ale byl to příbytek, který se dal snadno přenášet. Proto se jeho struktura mimo jiné nazývá "chrámový příbytek."

V Exodu 35-39 jsou uvedeny konkrétní detaily výstavby příbytku. Bůh sám dal Mojžíšovi podrobnosti týkající se výstavby příbytku a materiálů, které se pro jeho výstavbu mají použít. Když Mojžíš pověděl pospolitosti o materiálech nezbytných pro výstavbu příbytku, lidé ze srdce rádi přinášeli mnoho užitečných materiálů jako zlato, stříbro a měď, různé druhy kamenů, látku purpurově fialovou, nachovou nebo karmínovou, jemné plátno, kozí srst, beraní kůže, tachaší kůže, až je Mojžíš musel zastavit, aby už nic nepřinášeli (Exodus 36:5-7).

Příbytek tak byl vystavěn z darů dobrovolně přinesených pospolitostí. Pro Izraelce na jejich cestě do Kenaanu potom, co opustili Egypt, ze kterého v podstatě utíkali, nebyly náklady na vystavění příbytku malé. Neměli žádný domov ani zemi. Nemohli hromadit majetek prostřednictvím farmaření.

Nicméně, v dychtivém očekávání Božího příslibu, který jim říkal, že Bůh bude přebývat vprostřed nich, jakmile pro něj bude připraven příbytek, izraelský lid vynaložil veškeré své náklady a úsilí s radostí a potěšením.

Pro izraelský lid, který dlouho trpěl těžkým zneužíváním a dřinou, bylo jedinou věcí, po které žíznil více než po čemkoliv jiném, osvobození z otroctví. A tak, po tom, co je osvobodil od Egypta, nařídil jim Bůh výstavbu příbytku, aby mohl přebývat vprostřed nich. Izraelský lid neměl žádný důvod to odkládat a příbytek tudíž získal, s radostnou oddaností Izraelců, své základy.

Ihned u vstupu uvnitř příbytku se nachází 'Svatyně' a po přejití vnitřkem Svatyně narazíme na 'Nejsvětější svatyni'. To je nejsvětější místo. V nejsvětější svatyni je umístěna schrána svědectví (schrána smlouvy). Skutečnost, že se schrána svědectví, která obsahuje Boží slovo, nalézá v nejsvětější svatyni, slouží jako připomínka Boží přítomnosti. Zatímco je chrám jako celek posvátným místem jako Boží dům, nejsvětější svatyně je zvláštně oddělené místo pokládané za nejsvětější ze všech míst. Dokonce i velekněz měl dovoleno vstoupit do nejsvětější svatyně pouze jednou za rok a v tento okamžik přinést Bohu oběť za hřích jménem lidu. Obyčejní lidé měli zakázáno do ní vstoupit. To proto, že hříšníci nemohou nikdy předstoupit před Boha.

Přesto díky Ježíši Kristu všichni z nás získali privilegium toho, že můžeme předstoupit před Boha. V Matoušovi 27:50-

51 čteme: „Ale Ježíš znovu vykřikl mocným hlasem a skonal. A hle, chrámová opona se roztrhla v půli odshora až dolů." Když Ježíš obětoval sám sebe tím, že podstoupil smrt na kříži, aby nás vykoupil z hříchu, opona, která stála mezi nejsvětější svatyní a námi, se roztrhla v půli.

Ohledně toho Židům 10:19-20 upřesňuje: „Protože Ježíš obětoval svou krev, smíme se, bratří, odvážit vejít do svatyně cestou novou a živou, kterou nám otevřel zrušením opony - to jest obětováním svého těla." To, že byla opona roztržena v půli, když Ježíš obětoval své tělo smrti, znamená zhroucení zdi z hříchů mezi Bohem a námi. Nyní může kdokoliv, kdo věří v Ježíše Krista, získat odpuštění hříchů a vstoupit na cestu, která byla připravena, aby předstoupil před svatého Boha. Zatímco v minulosti mohli předstoupit před Boha pouze kněží, nyní s ním můžeme mít přímé a důvěrné společenství my sami osobně.

3. Duchovní význam stanu setkávání

Jaký význam má pro nás dnes stan setkávání? Stan setkávání je církev, kde dnešní věřící uctívají Boha, svatyně je tělo věřících, kteří přijali Pána a nejsvětější svatyně je naše srdce, ve kterém přebývá Duch svatý. 1 Korintským 6:19 nám připomíná: „Či snad nevíte, že vaše tělo je chrámem Ducha svatého, který ve vás přebývá a jejž máte od Boha? Nepatříte sami sobě!" Potom, co jsme přijali Ježíše jako Spasitele, nám byl dán Duch svatý jako dar od Boha. Protože v nás přebývá Duch svatý, naše srdce a tělo jsou svatým chrámem.

V 1 Korintským 3:16-17 rovněž najdeme: „Nevíte, že jste Boží chrám a že Duch Boží ve vás přebývá? Kdo ničí chrám Boží, toho zničí Bůh; neboť Boží chrám je svatý, a ten chrám jste vy." Zrovna jako musíme udržovat viditelný Boží chrám vždy čistý a svatý, musíme rovněž provždy udržovat své tělo a srdce čisté a svaté jako příbytek Ducha svatého.

Čteme, že Bůh zničí každého, kdo ničí Boží chrám. Pokud je člověk Božím dítětem a přijal Ducha svatého, avšak pokračuje v ničení sebe sama, Duch svatý bude uhašen a pro takového člověka nebude žádné spasení. Pouze když udržujeme chrám, ve kterém přebývá Duch svatý, svatý svým chováním a svým srdcem, můžeme dosáhnout dokonalého spasení a mít přímé a důvěrné společenství s Bohem.

Proto skutečnost, že Bůh volal k Mojžíšovi ze stanu setkávání, znamená, že Duch svatý k nám volá uvnitř nás a usiluje o společenství s námi. Pro Boží děti, které obdržely spasení, je přirozené mít společenství s Bohem Otcem. Musí se modlit v Duchu svatém a uctívat v Duchu a v pravdě v důvěrném společenství s Bohem.

Lidé ve starozákonní době nemohli mít společenství se svatým Bohem kvůli svému hříchu. Pouze velekněz mohl vstupovat do nejsvětější svatyně v příbytku a přinášet Bohu oběti jménem lidí. Dnes smí každé Boží dítě vstoupit do svatyně chválit Boha, uctívat ho, modlit se a mít s ním společenství. To protože nás Ježíš Kristus vykoupil ze všech hříchů.

Když přijmeme Ježíše Krista, Duch svatý přebývá v našem srdci a pokládá ho za nejsvětější svatyni. Kromě toho, zrovna jako Bůh volal k Mojžíšovi ze stanu setkávání, Duch svatý volá k nám z hloubi našeho srdce a touží s námi mít společenství. Tím, že nám Duch svatý umožňuje slyšet jeho hlas a získat jeho vedení, nás Duch svatý vede k tomu žít v pravdě a rozumět Bohu. Abychom slyšeli hlas Ducha svatého, musíme zavrhnout hřích a zlo ve svém srdci a stát se posvěcenými. Jakmile dosáhneme posvěcení, budeme moci slyšet hlas Ducha svatého zřetelně a budeme oplývat požehnáním jak na duchu, tak na těle.

4. Podoba stanu setkávání

Podoba stanu setkávání je velmi jednoduchá. Člověk musí projít bránou, jejíž šířka je okolo devíti metrů (okolo 29,5 stopy) na východě příbytku. Po vstupu na nádvoří příbytku člověk nejprve narazí na oltář pro zápalné oběti vyrobený z bronzu. Mezi tímto oltářem a svatyní je umyvadlo neboli obřadní nádrž, za ním jsou svatyně a potom nejsvětější svatyně, což je jádro stanu setkávání.

Rozměry příbytku složeného ze svatyně a nejsvětější svatyně jsou čtyři a půl metru (asi 14,7 stopy) na šířku, třináct a půl

Struktura stanu setkávání

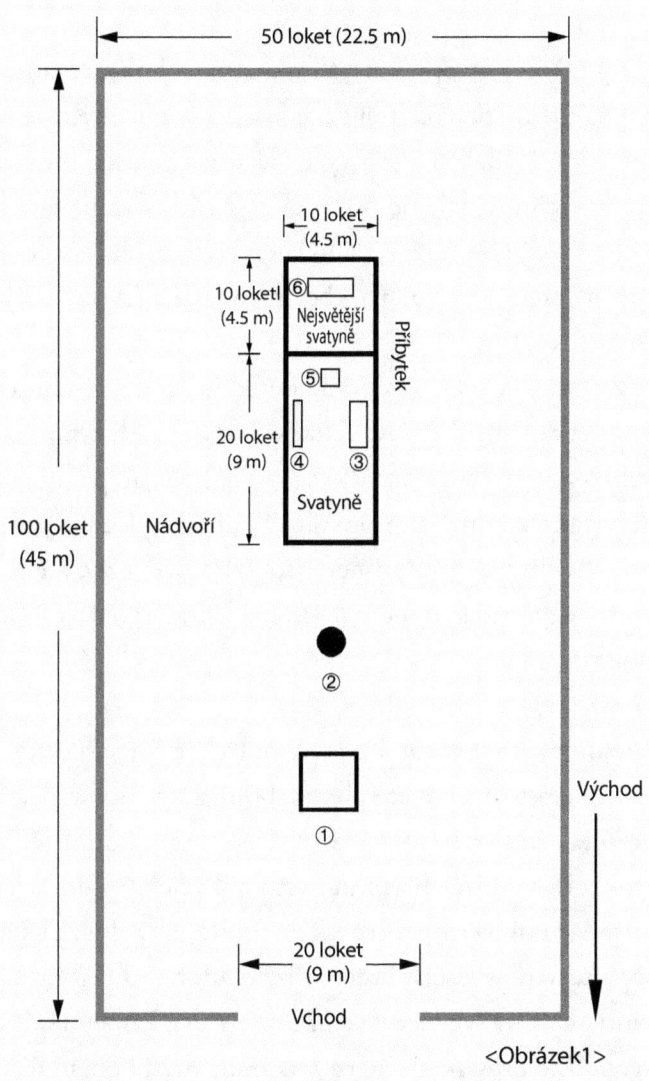

<Obrázek1>

Rozměry
Nádvoří: 100 x 50 x 5 loket
Vchod: 20 x 5 loket
Příbytek: 30 x 10 x 10 loket
Svatyně: 20 x 10 x 10 loket
Nejsvětější svatyně: 10 x 10 x 10 loket
(* 1 loket = přibližně 17,7 palců)

Náčiní
1) Oltář pro zápalné oběti
2) Nádrž
3) Stůl pro předkladný chléb
4) Svícen z čistého zlata
5) Kadidlový oltář
6) Schrána svědectví (Schrána smlouvy)

metru (asi 44,3 stopy) na délku a čtyři a půl metru (asi 14,7 stop) na výšku. Stavba stojí na základech vyrobených ze stříbra, se stěnami skládajícími se z tyčí z akáciového dřeva potaženými zlatem a jeho střecha je pokrytá čtyřmi vrstvami závěsů. Do první vrstvy jsou umně vetkaní cherubové, druhá je vytvořena z kozí srsti, třetí je vytvořena z beraních kůží a čtvrtá je učiněna z tachaších kůží.

Svatyně a nejsvětější svatyně jsou odděleny závěsem rovněž s umně vetkanými cheruby. Velikost svatyně je dvakrát větší, než je velikost nejsvětější svatyně. Ve svatyni jsou stůl pro předkladný chléb (také známý jako posvátný chléb), svícen a kadidlový oltář. Všechny tyto předměty jsou zhotoveny z čistého zlata. Uvnitř nejsvětější svatyně je umístěna schrána svědectví (schrána smlouvy).

Pojďme si to shrnout. Za prvé, vnitřek nejsvětější svatyně bylo posvátné místo, na kterém přebýval Bůh a schrána svědectví, nad kterou je příkrov, se rovněž nacházela na tomto místě. Jednou za rok v den smírčích obřadů vstoupil velekněz do nejsvětější svatyně a pokropil příkrov krví za lid, aby dosáhl smíření. Všechno v nejsvětější svatyni bylo zdobeno čistým zlatem. Uvnitř schrány svědectví se nacházely dvě kamenné desky, na kterých bylo zapsáno desatero přikázání, džbán obsahující manu a Áronova hůl, která vypučela.

Dále, svatyně byla místem, kam vstupoval kněz, aby přinášel

Obrázek

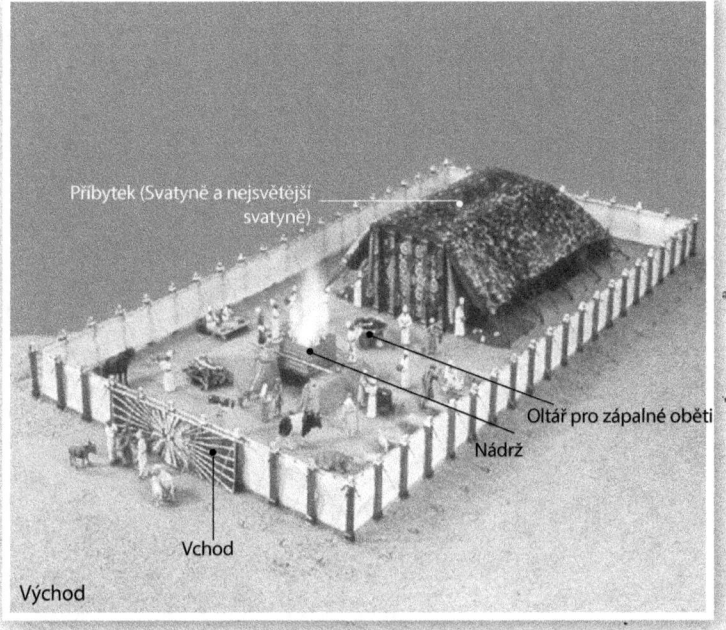

<Obrázek 2>

Panoramatický pohled na stan setkávání

Na nádvoří jsou oltář pro zápalné oběti (Exodus 30:28), nádrž (Exodus 30:18) a příbytek (Exodus 26:1, 36:8) a nad nádvořím visí jemně tkané plátno. Na východě je pouze jeden vchod do příbytku (Exodus 27:13-16) a symbolizuje Ježíše Krista, jediné dveře ke spasení.

Obrázek

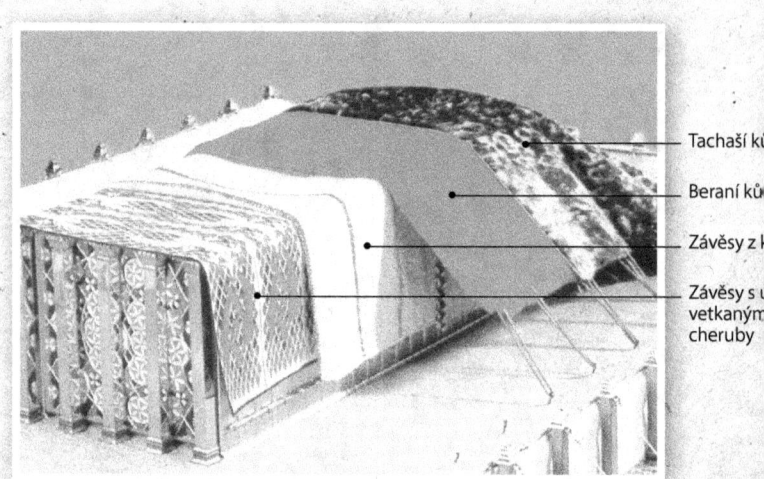

Tachaší ků
Beraní ků
Závěsy z k
Závěsy s u vetkaným cheruby

<Obrázek 3>

Přikrývky pro příbytek

Čtyři vrstvy přikrývek přes příbytek.
Na spodní straně jsou závěsy s umně vetkanými cheruby, na těch se nacházejí závěsy z kozí srsti, na těch jsou beraní kůže a úplně nahoře na nich se nacházejí tachaší kůže. Přikrývky na obrázku 3 jsou ukázány tak, aby šlo vidět každou vrstvu. U odkrytých přikrývek lze vidět zástěny pro svatyni před svatyní a za nimi kadidlový oltář a zástěny pro nejsvětější svatyni.

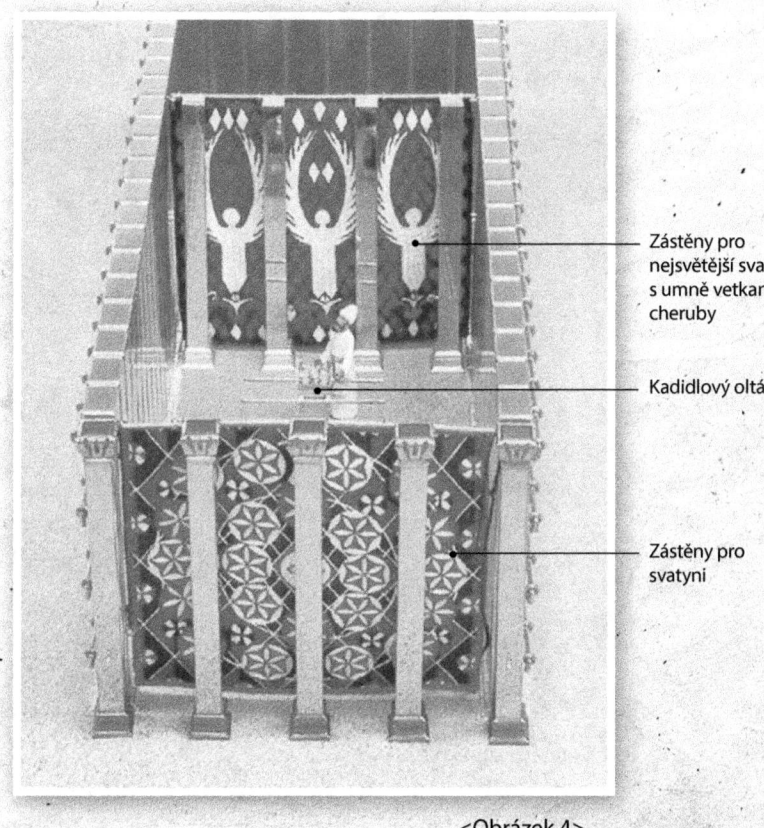

<Obrázek 4>

Svatyně viděná s odkrytými přikrývkami

Vpředu jsou zástěny pro svatyni a viditelně za nimi se nacházejí kadidlový oltář a zástěny pro nejsvětější svatyni.

Obrázek

<Obrázek 5>

Interiér příbytku

Ve středu svatyně jsou svícen z čistého zlata (Exodus 25:31), stůl pro předkladný chléb (Exodus 25:30) a směrem k zadní části kadidlový oltář (Exodus 30:27).

<Obrázek 6>

Kadidlový oltář

<Obrázek 7>

Stůl pro předkladný chléb

<Obrázek 8>

Svícen

Obrázek

<Obrázek 9>

Vnitřek nejsvětější svatyně

Zadní stěna svatyně byla odstraněna, aby šlo vidět vnitřek nejsvětější svatyně. Vidět lze schránu svědectví, příkřov a zástěny pro nejsvětější svatyni směrem k zadní části. Jednou za rok vstupuje do nejsvětější svatyně velekněz v bílém rouchu a pokropí krví oběti za hřích oltář dokola.

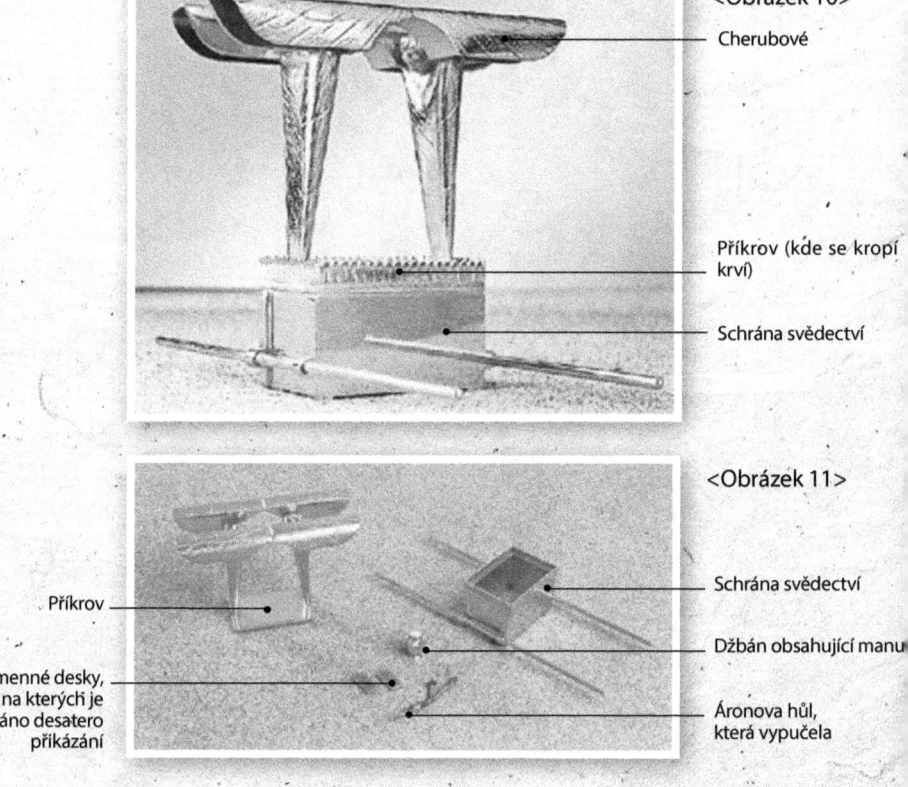

<Obrázek 10>
- Cherubové
- Příkrov (kde se kropí krví)
- Schrána svědectví

<Obrázek 11>
- Příkrov
- Kamenné desky, na kterých je zapsáno desatero přikázání
- Schrána svědectví
- Džbán obsahující manu
- Áronova hůl, která vypučela

Schrána svědectví a příkrov

Uvnitř nejsvětější svatyně se nachází schrána svědectví vyrobená z čistého zlata a nahoře na schráně je příkrov. Příkrov se vztahuje na přikrývky pro schránu svědectví (Exodus 25:17-22) a jednou za rok se zde kropí krví. Na obou koncích příkrovu jsou dva cherubové, jejichž křídla zastírají příkrov (Exodus 25:18-20). Uvnitř schrány svědectví jsou dvě kamenné desky, na kterých je zapsáno desatero přikázání, džbán obsahující manu a Áronova hůl, která vypučela.

Obrázek

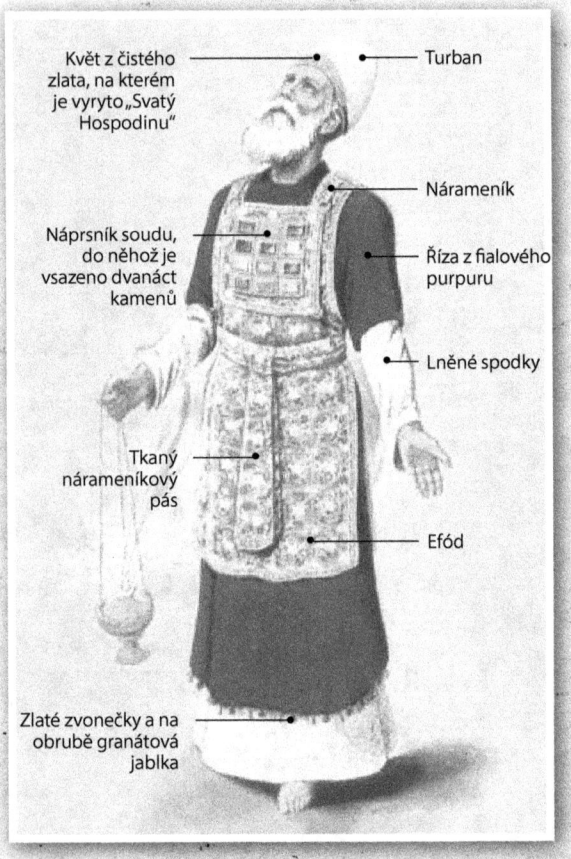

<Obrázek 12>

Roucho velekněze

Velekněz byl pověřen údržbou chrámu a dohlížením nad obřady obětování, jednou za rok vstupoval do nejsvětější svatyně obětovat Bohu. Každý, kdo uspěl v získání postu velekněze, musel mít ve svém vlastnictví posvátné losy urím a tumím. Tyto dva kameny, které se používaly k hledání Boží vůle, byly umístěny v náprsníku na efódu, který kněz nosil. "Urím" znamená světlo a "tumím" symbolizuje dokonalost.

oběti a v ní byly kadidlový oltář, svícen a stůl pro předkladný chléb, všechno zhotovené ze zlata.

Za třetí, nádrž je nádoba zhotovená z bronzu. Nádrž obsahovala vodu, kde si kněží umývali ruce a nohy před vstupem do svatyně nebo velekněží před vstupem do nejsvětější svatyně.

Za čtvrté, oltář pro zápalné oběti byl zhotoven z bronzu a byl dostatečně odolný na to, aby vydržel žár ohně. Když byl příbytek hotový, "od Hospodina vyšel oheň a pozřel na oltáři zápalnou oběť i obětovaný tuk" (Leviticus 9:24). Bůh rovněž nařídil, aby byl oheň na oltáři neustále udržován, nikdy nevyhasl a každý den se na něm obětovali dva jednoroční beránci (Exodus 29:38-43; Leviticus 6:12-13).

5. Duchovní význam obětování býčků a beránků

V knize Leviticus 1:2 Bůh řekl Mojžíšovi: „Mluv k synům Izraele a řekni jim: ‚Když někdo z vás přinese dar Hospodinu, přinesete svůj dar z dobytka, ze skotu nebo z bravu.'" Během bohoslužeb přinášejí Boží děti Bohu různé dary. Kromě desátku existují dary, které slouží jako poděkování nebo jsou určeny na stavební nebo rekonstrukční práce pro modlitebnu nebo na něčí podporu. Bůh však nařizuje, že pokud mu chce někdo přinést dar, dar musí být "z dobytka, ze skotu nebo z bravu." Protože si v sobě tento verš nese duchovní význam, nemusíme dávat, co verš doslova nařizuje, ale musíme nejprve porozumět duchovnímu významu a potom konat podle Boží vůle.

Jaký duchovní význam zde má dar z dobytka, ze skotu nebo z bravu? Znamená to, že musíme uctívat Boha v Duchu a v pravdě a přinášet sebe sama jako živou a svatou oběť. To je "pravá bohoslužba" (Římanům 12:1). Musíme být vždy bdělí v modlitbách a chovat se svatě před Bohem nejen během bohoslužeb, ale také ve svém každodenním životě. Potom budou naše uctívání a všechny naše dary přineseny Bohu jako živá a svatá oběť, kterou bude Bůh pokládat za pravou bohoslužbu.

Proč Bůh přikázal izraelskému lidu, aby mu mezi všemi zvířaty obětoval býčky a beránky? Býčci a beránci představují nejvěrohodněji mezi všemi zvířaty Ježíše, který se stal pokojnou obětí za spasení lidstva. Pojďme nyní prozkoumat podobnosti mezi 'býčky' a Ježíšem.

1) Býčci nesou lidská břemena.

Zrovna jako býčci nesou lidská břemena, Ježíš nesl naše břemeno hříchu. V Matoušovi 11:28 nám říká: „Pojďte ke mně všichni, kdo se namáháte a jste obtíženi břemeny, a já vám dám odpočinout." Lidé se namáhají a vynakládají veškeré své úsilí na to, aby dosáhli bohatství, poct, vědomostí, slávy, postavení a moci a všeho možného, po čem zatouží. Na vrchol všemožných břemen, která nese, si člověk rovněž nese břemeno hříchu a žije svůj život vprostřed zkoušek, utrpení a soužení.

A nyní je tu Ježíš, který vzal na sebe břemena a tíhy života tím, že se stal obětí, prolil krev smíření a byl ukřižován na dřevěném kříži. Vírou v Pána může člověk odložit všechny své problémy a břemena hříchu a užívat si pokoje a odpočinku.

2) Býčci nezpůsobují člověku problémy; přinášejí mu pouze užitek.

Býčci nejenom obstarávají pro člověka v poslušnosti práci, ale také mu dávají mléko, maso a kůži. Od hlavy až po kopyta není žádná část býčka nepoužitelná. Podobně i Ježíš přinesl člověku pouze prospěch. Dosvědčením evangelia o nebeském království chudým, nemocným a opuštěným, jim dodal útěchu a naději, uvolnil pouta špatnosti a uzdravoval nemoci a slabosti. I když nemohl spát nebo jíst, vynaložil Ježíš veškeré své úsilí k tomu, aby vyučoval Boží slovo i té nejposlednější duši jakýmkoli způsobem mohl. Tím, že Ježíš obětoval svůj vlastní život a byl ukřižován, otevřel cestu ke spasení hříšníkům předurčeným peklu.

3) Býčci poskytují svým masem člověku potravu.

Ježíš dal lidstvu své tělo a krev, aby si z nich mohl člověk učinit chléb. V Janovi 6:53-54 nám říká: „Amen, amen, pravím vám, nebudete-li jíst tělo Syna člověka a pít jeho krev, nebudete mít v sobě život. Kdo jí mé tělo a pije mou krev, má život věčný a já ho vzkřísím v poslední den."

Ježíš je Boží slovo, které přišlo na tento svět v těle. Proto jíst Ježíšovo tělo a pít jeho krev znamená učinit si chléb z Božího slova a žít podle něho. Zrovna jako člověk může být živ díky tomu, že jí a pije, můžeme získat věčný život a vstoupit do nebe pouze tehdy, když jíme a děláme si chléb z Božího slova.

4) Býčci zorávají zemi a mění ji v úrodnou půdu.

Ježíš tříbí půdu lidského srdce. Ve 13. kapitole Matouše je podobenství, které připodobňuje srdce člověka ke čtyřem druhům půdy: k půdě podél cesty, ke skalnaté půdě, k půdě mezi trním a k dobré zemi. Protože nás Ježíš vykoupil ze všech našich hříchů, Duch svatý si učinil příbytek v našich srdcích a dodává nám sílu. S pomocí Ducha svatého může být naše srdce přeměněno v srdce s dobrou zemí. Protože věříme v krev Ježíše, který umožnil, aby nám byly odpuštěny všechny naše hříchy, a horlivě zachováváme pravdu, naše srdce se změní v úrodnou, bohatou a dobrou zemi a my budeme moci obdržet požehnání na duchu i na těle tím, že budeme sklízet 30, 60 nebo 100 krát více, než jsme zaseli.

Dále, jaké podobnosti jsou mezi beránky a Ježíšem?

1) Beránci jsou mírní.

Když mluvíme o mírných nebo tichých lidech, obvykle je připodobňujeme k beránku. Ježíš je nejtišším ze všech lidí. V Izajáši 42:3 čteme o Ježíši: „Nalomenou třtinu nedolomí, nezhasí knot doutnající." Dokonce se zlovolníky a zvrhlíky nebo s těmi, kdo činili pokání, ale opakovaně hřešili, má Ježíš trpělivost až do úplného konce a čeká na ně, až se odvrátí od svých cest. Zatímco je Ježíš Synem Boha Stvořitele a má autoritu zničit veškeré lidstvo, neztratil s námi trpělivost a projevil nám svou lásku, třebaže ho právě zlovolníci ukřižovali.

2) Beránek je poslušný.

Beránek v poslušnosti následuje svého pastýře, kamkoliv ho vede a zůstává klidný, i když je stříhán. Jak čteme ve 2 Korintským 1:19: „Vždyť Boží Syn Ježíš Kristus, kterého jsme u vás zvěstovali my - já a Silvanus a Timoteus - nebyl zároveň 'ano' i 'ne', nýbrž v něm jest jasné 'Ano'!" Ježíš nelpěl na své vůli, ale zůstal poslušný Bohu až do své smrti. Po celý svůj život Ježíš chodil na místa pouze v době, kdy je Bůh vybral a konal pouze to, po čem Bůh toužil, aby udělal. Nakonec, třebaže velmi dobře věděl o blížícím se utrpení kříže, vytrval v poslušnosti, aby naplnil vůli svého Otce.

3) Beránek je čistý.

Zde je beránek roční samec, který ještě nebyl připuštěn (Exodus 12:5). Beránka v tomto věku lze přirovnat k rozkošnému a čistému člověku v mládí – nebo k Ježíši bez viny a bez poskvrny. Beránci rovněž poskytují vlnu, maso a mléko, člověka nikdy nezraní, ale přinášejí mu pouze užitek. Jak bylo zmíněno dříve, Ježíš obětoval své tělo a krev a dal nám poslední kousek sebe samého. V naprosté poslušnosti Bohu Otci Ježíš naplnil Boží vůli a zničil hradbu z hříchů mezi Bohem a hříšníky. Dokonce i dnes nepřetržitě tříbí naše srdce, aby se proměnilo v čistou a úrodnou zemi.

Zrovna jako byl člověk ve starozákonní době vykoupen ze svých hříchů díky býčkům a beránkům, Ježíš obětoval sám sebe jako oběť na kříži a dosáhl věčného vykoupení svou vlastní krví (Židům 9:12). Protože věříme této skutečnosti, musíme jasně rozumět tomu, jak se Ježíš stal obětí hodnou Božího přijetí, abychom mohli provždy zůstat vděční za lásku a milost Ježíše Krista a podobat se svým životem jeho životu.

Kapitola 3

Zápalná oběť

„Vnitřnosti však a hnáty omyje kněz vodou a všechno [mladého býčka] kněz obrátí na oltáři v obětní dým. To bude zápalná oběť; jako oběť ohnivá bude libou vůní pro Hospodina."

Leviticus 1:9

1. Význam zápalné oběti

Zápalná oběť, první ze všech obětí zaznamenaná v knize Leviticus, je ze všech obětí nejstarší. Etymologie výrazu "zápalná oběť" je "nechat stoupat". Zápalná oběť se umísťuje na oltář a nechá se zcela strávit ohněm. Symbolizuje celkovou oběť člověka, jeho oddanost a dobrovolnou službu. Svým charakterem zalíbení se Bohu libou vůní z hořícího zvířete přineseného jako obětní dar je zápalná oběť nejběžnějším způsobem přinášení obětí a slouží jako známka skutečnosti, že Ježíš nesl náš hřích a obětoval sám sebe jako dokonalou oběť, čímž se stal vůní obětovanou Bohu (Efezským 5:2).

Vůně milá Bohu neznamená, že Bůh cítí vůni obětovaného zvířete. Znamená to, že přijímá vůni srdce člověka, který mu oběť přinesl. Bůh zkoumá, do jaké míry se člověk bojí Boha a s jakou láskou přináší obětní dar Bohu. Potom přijímá oddanost a lásku člověka.

Zabití zvířete, kterého přinášíme Bohu jako zápalnou oběť, znamená dát Bohu samotný náš život a poslechnout ve všem, co nám nařizuje. Jinými slovy, duchovním významem zápalné oběti je žít zcela podle Božího slova a přinášet Bohu každý aspekt svého života svým čistým a svatým chováním.

V dnešní terminologii je to vyjádření našeho srdce slibujícího dát naše životy Bohu v souladu s jeho vůlí tím, že budeme navštěvovat bohoslužby o velikonocích, slavnostech žně, slavnostech díkůvzdání, o vánocích a každou neděli. Uctívání Boha každou neděli a dodržování neděle jako svatého dne odpočinku slouží jako důkaz toho, že jsme Boží děti a že náš duch patří jemu.

2. Obětní dar pro zápalnou oběť

Bůh přikázal, že obětním darem pro zápalnou oběť musí být "samec bez vady", což symbolizuje dokonalost. Chce samce, protože samci jsou obecně pokládáni za věrnější svým zásadám než samice. Nekolísají sem a tam a zleva doprava, nejsou vychytralí a neváhají. Rovněž skutečnost, že Bůh chce oběť "bez vady", znamená, že člověk ho má uctívat v Duchu a v pravdě a nemá ho uctívat se zlomeným duchem.

Když dáváme dary svým rodičům, velmi rádi je přijmou, když je dáváme s láskou a pozorností. Pokud je dáváme zdráhavě, naši rodiče je nemohou přijmout s potěšením. Ze stejného důvodu Bohu nebude milé uctívání, které mu přineseme bez radosti nebo unaveni, ospalí nebo s prázdnými myšlenkami. Radostně přijme naše uctívání pouze tehdy, když budou hloubky našeho srdce naplněny nadějí v nebe, vděčností za milost spasení a láskou našeho Pána. Až poté nám Bůh dá cestu úniku v dobách pokušení a trápení a umožní, aby se nám ve všem dařilo.

"Mladý býček", kterého Bůh nařídil obětovat v Leviticu 1:5, se vztahuje na mladého býčka, který ještě nebyl připuštěn a v duchovním slova smyslu poukazuje na čistotu a neporušenost Ježíše Krista. Proto je v tomto verši zanesena Boží touha směrem k nám, abychom před něj předstupovali s čistým a upřímným srdcem dítěte. Nechce, abychom se chovali pošetile nebo dětinsky, ale touží po tom, aby se naše srdce podobalo srdci dítěte, které je prosté, poslušné a pokorné.

Rohy mladému býčku ještě nenarostly, a tak nenabírá na rohy a není zlý. Tyto vlastnosti má také Ježíš Kristus, který je tichý, pokorný a mírný jako dítě. Protože je Ježíš Kristus dokonalý Boží syn bez viny, oběť k němu přirovnávaná musí být také bez viny a bez poskvrny.

V Malachijáši 1:6-8 Bůh přísně napomíná izraelský lid, který mu přinášel vadné a nedokonalé oběti:

„Syn ctí svého otce a služebník svého pána. Jsem-li Otec, kde je úcta ke mně? Jsem-li Pán, kde je bázeň přede mnou, praví Hospodin zástupů vám, kněží, kteří zlehčujete mé jméno. Ptáte se: ‚Čím zlehčujeme tvé jméno?' Přinášíte na můj oltář poskvrněný chléb a ptáte se: ‚Čím jsme tě poskvrnili?' Tím, že říkáte, že Hospodinův stůl není třeba brát vážně. Když přivádíte k oběti slepé zvíře, to není nic zlého? Když přivádíte kulhavé a nemocné, to není nic zlého? Jen to dones svému místodržiteli, získáš-li tak jeho přízeň a přijme-li tě, praví Hospodin zástupů."

Bohu musíme předkládat nevinnou, dokonalou oběť bez poskvrny a uctívat ho v Duchu a v pravdě.

3. Význam různých druhů obětí

Spravedlivý a milostivý Bůh se dívá do srdce člověka. Proto se nezajímá o velikost, hodnotu nebo cenu oběti, ale o rozsah péče, se kterou každý člověk dává s vírou podle svých možností. Jak nám říká v 2 Korintským 9:7: „Každý ať dává podle toho, jak se ve svém srdci předem rozhodl, ne s nechutí ani z donucení; vždyť 'radostného dárce miluje Bůh'," Bůh radostně přijímá, když mu dáváme radostně podle svých možností.

V 1. kapitole knihy Leviticus Bůh do velikých detailů vysvětluje, jak se mají mladí býčci, beránci, kozlíci a ptáci obětovat. Zatímco mladí býčci bez vady jsou nejvhodnější pro obětování Bohu v podobě zápalné oběti, někteří lidé si býčky nemohli dovolit. To je také důvod, proč Bůh ve své milosti a slitování dovolil lidem, aby mu přinášeli beránky, kozlíky nebo holoubata podle individuálních možností a podmínek každého. Jaký to má duchovní význam?

1) Bůh přijímá přinesené oběti podle možností každého člověka.

Finanční možnosti a okolnosti se u lidí liší. To, co je pro některé lidi malý obnos, může být pro jiné lidi veliký obnos. Z toho důvodu Bůh s potěšením přijímal beránky, kozlíky nebo holoubata, které mu lidé přinášeli podle svých možností. To je Boží spravedlnost a láska, kterými Bůh umožnil každému, ať je bohatý nebo chudý, účastnit se obětování podle svých možností.

Bůh nepřijme s potěšením kozlíka, kterého mu přinese někdo, kdo si může dovolit býčka. Nicméně, Bůh s potěšením přijme a svižně odpoví na touhy srdce někoho, kdo mu přinese býčka, ačkoliv všechno, co si mohl dovolit, byl beránek. Ať byl obětován býček, beránek, kozlík nebo holoubě, Bůh řekl, že každá oběť je pro něj "libou vůní" (Leviticus 1:9, 13, 17). To znamená, že zatímco existuje rozdíl ve stupni přinášených obětí, tak když dáváme Bohu z hloubi svého srdce, neexistuje pro Boha, který se dívá do srdce člověka, rozdíl, protože jsou pro něj všechny libou vůní.

V Markovi 12:41-44 se vyskytuje scéna, ve které Ježíš chválí chudou vdovu za její dar. Dvě drobné mince, které dala, byly nejmenší měnovou jednotkou té doby, ale pro ni byly vším, co měla. Nezáleží na tom, jak malá je oběť, když dáváme Bohu to nejlepší podle svých možností a s potěšením, stává se to obětí, která se mu líbí.

2) Bůh přijímá uctívání podle intelektu každého člověka.

Když posloucháme Boží slovo, pochopení a milost z něj získané se liší podle intelektu každého jednotlivce, zázemí jeho vzdělání a vědomostí. Dokonce během stejné bohoslužby je ve srovnání s lidmi, kteří jsou bystří a více studovali, možnost porozumět Božímu slovu a pamatovat si ho menší pro ty lidi, kteří nejsou tak inteligentní a nestrávili mnoho času učením. Protože Bůh tohle všechno ví, chce, aby ho každý člověk uctíval v rámci svého intelektu z hloubi svého srdce, rozuměl Božímu slovu a žil podle něho.

3) Bůh přijímá uctívání podle věku člověka a jeho mentálních schopností.

Jak věk člověka, tak jeho paměť a chápání se mění. To je důvod, proč mnoho starších lidí není schopno porozumět

Božímu slovu nebo si ho zapamatovat. Přesto, když se takoví lidé oddají uctívání s upřímným srdcem, Bůh zná okolnosti každého člověka a rád jejich uctívání přijme.

Mějte na paměti, že když člověk uctívá a nechá se přitom vést Duchem svatým, Boží moc bude s ním, třebaže postrádá moudrost nebo vědění nebo je staršího věku. Působením Ducha svatého mu Bůh pomůže porozumět Slovu a učinit si z něho chléb. A tak to nevzdávejte se slovy: „Pořád zaostávám" nebo „Snažil jsem se, ale nejde mi to," ale ujistěte se, že jste vynaložili veškeré své úsilí z hloubi svého srdce a usilujte o Boží moc. Náš Bůh lásky s potěšením přijímá oběti, které mu přinášíme na základě svého největšího vyvinutého úsilí a podle svých možností a podmínek. Z toho důvodu zaznamenal do knihy Leviticus i ty nejnepatrnější podrobnosti co se týče přinášení zápalných obětí a vyhlásil svou spravedlnost.

4. Obětování býčků (Leviticus 1:3-9)

1) **Mladí býčci bez vady u vchodu do stanu setkávání**
V rámci příbytku existuje svatyně a nejsvětější svatyně. Pouze kněz mohl vstoupit do svatyně a pouze velekněz mohl jednou za rok vstoupit do nejsvětější svatyně. To je důvod, proč obyčejní lidé, kteří nemohli vstoupit do svatyně, mohli přinášet Bohu zápalné oběti v podobě mladých býčků u vchodu do stanu setkávání.

Protože však Ježíš zničil hradbu z hříchů, která stála mezi Bohem a námi, můžeme mít nyní přímé a důvěrné společenství s Bohem. Lidé ve starozákonní době přinášeli Bohu oběti u vchodu do stanu setkávání prostřednictvím skutků. Nicméně protože Duch svatý učinil naše srdce svým chrámem, přebývá v něm a má s námi dnes společenství, tak ti z nás žijící v novozákonní době obdrželi právo přicházet před Boha ve svatyni svatých.

2) Vložení ruky na hlavu zápalné oběti na připsání hříchu a její poražení

V Leviticu 1:4 a dále čteme: „Vloží ruku na hlavu zápalné oběti; ta mu získá zalíbení a zprostí ho viny. Dobytče pak porazí před Hospodinem." Vložení ruky na hlavu zápalné oběti symbolizuje připsání hříchu člověka zápalné oběti. Až poté umožní Bůh odpuštění hříchu prostřednictvím krve zápalné oběti.

Vložení ruky, kromě připsání hříchu, také symbolizuje požehnání a pomazání. Víme, že Ježíš vkládal ruce na člověka, když žehnal dětem nebo uzdravoval nemocné z nemocí a slabostí. Vložením ruky apoštolové udělovali Ducha svatého, aby ho lidé mohli přijmout a dary se ještě rozhojňovaly. Vložení ruky rovněž znamená, že se věc předkládá Bohu. Když pastor vloží svou ruku na různé obětní dary, naznačuje tím, že byly předloženy Bohu.

Požehnání při ukončení bohoslužby nebo ukončení modlitebního či jiného církevního setkání Otčenášem jsou určena Bohu, aby s potěšením tyto bohoslužby či setkání přijal. V Leviticu 9:22-24 se vyskytuje scéna, ve které nejvyšší kněz Áron "pozvedl ruce k lidu a dal jim požehnání" potom, co obětoval Bohu oběť za hřích a oběť zápalnou způsoby, jak Bůh nařídil. Potom, co jsme dodrželi Hospodinův svatý den odpočinku a uzavřeli bohoslužbu požehnáním, Bůh nás chrání před nepřítelem ďáblem a satanem stejně jako před pokušeními a pohromami a umožní nám, abychom se těšili z přehojného požehnání.

Co pro člověka znamená porazit dobytče v podobě mladého býčka bez vady jako zápalnou oběť? Protože mzdou hříchu je smrt, člověk měl porážet zvířata jako své zástupce. Mladý býčí samec, který ještě nebyl připuštěn, je roztomilý jako nevinné dítě. Bůh chtěl, aby každý člověk, který přináší zápalnou oběť, tuto oběť přinášel se srdcem nevinného dítěte a nikdy se nedopustil hříchů znovu. Co se týče tohoto záměru, Bůh chce, aby každý člověk činil pokání z hříchů a rozhodl se o tom ve svém srdci.

Apoštol Pavel si byl dobře vědom toho, co Bůh chce a to je důvod proč i potom, co se mu dostalo odpuštění jeho hříchů a přijal autoritu a moc jako Boží dítě, "den ze dne hleděl smrti do tváře". V 1 Korintským 15:31 vyznal: „Den ze dne hledím smrti do tváře - ujišťuji vás o tom, bratří, při všem, co pro mne znamenáte, v Kristu Ježíši, našem Pánu!", protože můžeme obětovat Bohu své tělo jako svatou a živou oběť až poté, co zavrhneme všechno, co odporuje Bohu jako srdce plné nepravd, domýšlivosti a chtivosti, stereotyp vytvořený z našich vlastních myšlenek, vlastní spravedlnost a všechno ostatní, co je špatné.

3) Kněz pokropí krví oltář dokola

Po poražení mladého býčka, kterému byly připsány hříchy člověka přinášejícího oběť, kněz pokropí krví Hospodinův oltář u vchodu do stanu setkávání. To, protože jak čteme v Leviticu 17:11: „V krvi je život těla. Já jsem vám ji určil na oltář k vykonávání smírčích obřadů za vaše životy. Je to krev; pro život, který je v ní, se získává smíření," krev symbolizuje život. Ze stejného důvodu Ježíš prolil svou krev při vykoupení nás lidí z hříchu.

"Oltář dokola" znamená východ, západ, sever a jih nebo ještě jednodušeji 'kamkoliv člověk jde'. Pokropit krví "oltář dokola" znamená, že hříchy jsou člověku odpuštěny, kamkoliv šlápne. Znamená to, že nám budou odpuštěny hříchy, kterých jsme se dopustili jakýmkoliv způsobem a nabereme směr, jakým nás chce Bůh vést, mimo cesty, kterým se musíme nesporně vyhnout.

Dnes je to stejné. Oltář je kazatelna, ze které se hlásá Boží slovo, a služebník Pána Ježíše, který vede bohoslužbu, sehrává roli kněze, který kropí krví. Na bohoslužbách posloucháme Boží slovo a díky víře a zmocněni krví našeho Pána získáváme odpuštění všeho, čeho jsme se dopustili a je to v protikladu k Boží vůli. Jakmile nám jsou prostřednictvím krve odpuštěny hříchy, musíme pouze jít a našlapovat směrem, kterým Bůh chce, abychom šli a jít tak, abychom vždy zůstali stranou hříchu.

4) Stažení zápalné oběti z kůže a rozsekání na díly

Zvíře obětované jako zápalná oběť musí být nejprve staženo z kůže a potom ho zcela stráví oheň. Zvířecí kůže je tuhá, těžko úplně shoří, a když se pálí, odporně zapáchá. Proto, aby mohlo být zvíře obětí s libou vůní, musí se nejprve stáhnout z kůže. Ke kterému aspektu dnešní bohoslužby se tato procedura dá přirovnat? Bůh vdechuje vůni člověka, který ho uctívá a nepřijímá nic, co nevoní. Aby byla bohoslužba pro Boha libou vůní, musíme "zavrhnout vzezření poskvrněné světem a přicházet před Boha se zbožností a svatostí". Během celého svého života narážíme na odlišné aspekty života, které nelze před Bohem pokládat za hříšné, ale jsou na hony vzdálené tomu, aby byly zbožné nebo svaté. Takové světské vzezření, které v nás bylo před naším životem v Kristu, může i nadále přetrvávat a může být vidět výstřednost, domýšlivost a vychloubačnost.

Například někteří lidé chodí rádi po obchodech nebo nákupních centrech 'prohlížet si výklady', takže chodí a notoricky nakupují. Jiní jsou závislí na televizi nebo videohrách. Jestliže naše srdce odvádějí takové věci, vyrůstáme stranou Boží lásky. Kromě toho, pokud zkoumáme sami sebe, budeme moci najít podoby nepravd potřísněných světem a podoby, které jsou před Bohem nedokonalé. Abychom byli před Bohem dokonalí, všechno toto musíme zavrhnout. Když před něj přicházíme uctívat, musíme nejprve činit pokání ze všech těchto světských aspektů života a naše srdce se musí stát zbožnějším a svatějším.

Činit pokání z hříšných, nečistých a nedokonalých podob potřísnění světem před bohoslužbou je rovnocenné stažení kůže ze zvířete určeného k zápalné oběti. Abychom takto mohli učinit, musíme náležitě připravit své srdce tím, že dorazíme na bohoslužbu brzy. Ujistěte se, že Bohu přinášíte modlitbu díků za to, že vám odpouští všechny vaše hříchy a za to, že vás ochraňuje, a modlitbu pokání přitom, jak zkoumáte sami sebe.

Když člověk obětoval Bohu zvířata, která byla stažena z kůže, rozsekána na díly a sežehnuta plameny, Bůh dal na oplátku člověku odpuštění přestoupení a hříchů a dovolil knězi použít zbylé kůže na účely, které uznal za vhodné. "Rozsekání oběti na díly" se vztahuje na oddělení zvířecí hlavy, předních končetin, slabin a zadních končetin a oddělení jejích vnitřností.

Když servírujeme svým nadřízeným takové ovoce, jakým jsou vodní melouny nebo jablka, nedáváme jim celé ovoce, ale loupeme ho a snažíme se, aby vypadalo reprezentativně. Podobně při přinášení obětí Bohu nepálíme celou oběť, ale předkládáme mu oběť úhledným a uspořádaným způsobem.

Jaký duchovní význam má "rozsekání oběti na díly"?

Za prvé, existuje rozčlenění na různé druhy bohoslužby přinášené Bohu. Máme nedělní ranní a nedělní odpolední bohoslužby, středeční odpolední bohoslužby a páteční celonoční bohoslužby. Rozdělení bohoslužeb je tedy rovnocenné "rozsekání oběti na díly".

Za druhé, rozdělení obsahu našich modliteb je rovnocenné "rozsekání oběti na díly". Obecně je modlitba rozdělena na pokání a odehnání zlých duchů, následovaná modlitbou vděčnosti. Potom se přesouvá k aktuálním námětům církve, výstavbě modlitebny, věcí okolo pastorů a církevních pracovníků, vykonávání povinnosti člověka, zdaru duše člověka, touhám srdce člověka až k ukončovací modlitbě.

Samozřejmě, že se můžeme modlit, zatímco kráčíme ulicí, řídíme auto nebo máme přestávku. Můžeme mít chvilku společenství v tichosti, zatímco přemýšlíme a rozjímáme o Bohu a našem Pánu. Mějte však na paměti, že vedle doby rozjímání je doba, kdy voláme k Bohu své modlitební náměty jeden za druhým, zrovna tak důležitá jako rozsekání oběti na díly. Bůh potom s potěšením přijme vaše modlitby a hbitě vám odpoví.

Za třetí, "rozsekání oběti na díly" znamená, že je Boží slovo jako celek rozděleno do 66 knih. 66 knih Bible vysvětluje v jednotě živého Boha a prozíravost spasení prostřednictvím Ježíše Krista. Boží slovo je však rozděleno do jednotlivých knih a v každé knize spárováno bez jakékoliv rozdílnosti mezi sebou. Protože je Boží slovo rozděleno do různých kategorií, Boží vůle je vyjádřena systematičtěji a je pro nás snazší si z něj udělat chléb.

Za čtvrté, a to je ze všeho nejdůležitější, "rozsekání oběti na díly" znamená, že bohoslužba samotná je rozdělena a uspořádána do různých částí. Modlitbu pokání před začátkem bohoslužby následuje první část, krátká chvíle ztišení, která nás připravuje na bohoslužbu a zahajuje ji. Bohoslužba pak končí buď Otčenášem nebo požehnáním. Mezitím se nejenom hlásá Boží slovo, ale jsou přímluvné modlitby, chvály, čtení z Bible, dávání darů a jiné části bohoslužby. Každý proces si v sobě nese svůj vlastní význam a uctívání v určitém pořadí je rovnocenné s rozsekáním oběti na díly.

Zrovna jako spálení všech částí oběti završuje zápalnou oběť, musíme se my sami zcela oddat bohoslužbě od začátku až do konce v celém jejím rozsahu. Návštěvníci by neměli dorazit pozdě nebo vstávat a odcházet během bohoslužby, aby se postarali o své osobní záležitosti, pokud to není zcela nezbytné. Někteří lidé musejí vykonávat specifické povinnosti v církvi jako dobrovolníci při bohoslužbě nebo uvaděči příchozích. Opouštět v takových případech své místo je dovoleno. Lidé si mohou toužebně přát, aby přišli na středeční večerní nebo páteční celonoční bohoslužbu včas, ale mohou být kvůli práci nebo jiným nevyhnutelným okolnostem nuceni přiběhnout pozdě. I tak bude Bůh nahlížet do jejich srdce a přijme vůni jejich uctívání.

5) Kněží vloží na oltář oheň a na oheň narovnají dříví

Po rozsekání oběti na díly musejí kněží narovnat všechny díly na oltář a nechat je sežehnout plameny. Proto je kněžím nařízeno "vložit na oltář oheň a na oheň narovnat dříví". "Oheň" v duchovním slova smyslu znamená oheň Ducha svatého a "dříví na ohni" se vztahuje na kontext a obsah Bible. Každé slovo v 66 knihách Bible se má používat jako palivové dříví. "Narovnat dříví na oheň" v duchovním slova smyslu znamená učinit si duchovní chléb z každého slova obsaženého v Bibli vprostřed působení Ducha svatého.

Například v Lukášovi 13:33 Ježíš říká: „Avšak dnes, zítra i pozítří musím jít svou cestou, neboť není možné, aby prorok zahynul mimo Jeruzalém." Pokus o doslovné pochopení tohoto verše by bylo marné, protože víme, že mnoho Božích lidí, jako apoštolové Pavel a Petr, zemřelo "mimo Jeruzalém". V tomto verši se však "Jeruzalém" nevztahuje na fyzické město, ale na město, které si v sobě nese Boží srdce a vůli, což je "duchovní Jeruzalém", kterým je na oplátku "Boží slovo". Proto slova: „Není možné, aby prorok zahynul mimo Jeruzalém" znamenají, že prorok žije a umírá uvnitř hranic Božího slova.

Pochopit to, co čteme v Bibli a co slyšíme v kázání během bohoslužeb, lze pouze, když jsme inspirováni Duchem svatým. Každé části Božího slova, která je mimo vědomosti, myšlenky a dohady člověka, se dá porozumět prostřednictvím inspirace Duchem svatým. Až poté můžeme věřit ve Slovo z hloubi svého srdce. Stručně řečeno, duchovně rosteme pouze tehdy, když rozumíme Božímu slovu působením Ducha svatého a inspirováni Duchem svatým, což vede k tomu, že je nám předáno Boží srdce, které v našem srdci zakoření.

6) Díly, hlavu a tuk narovnají na dříví, které je na ohni na oltáři

V Leviticu 1:8 čteme: „Díly, hlavu a tuk narovnají pak Áronovci, kněží, na dříví, které je na ohni na oltáři." Pro zápalnou oběť musí kněz narovnat na dříví díly, které byly useknuty, stejně jako hlavu a tuk.

Spálení hlavy oběti znamená spálení všech nepravdivých myšlenek, které z naší hlavy vyvěrají. To protože se naše myšlenky rodí v hlavě a většina hříchů má svůj počátek v hlavě. Lidé tohoto světa nebudou odsuzovat někoho jako hříšníka, pokud se jeho hřích neprojeví činem. Nicméně, zrovna jako čteme v 1. Janově listu 3:15: „Kdokoliv nenávidí svého bratra, je vrah," Bůh nazývá samotné zaobírání se nenávistí hříchem.

Ježíš nás vykoupil z našeho hříchu před 2 000 lety. Vykoupil nás z hříchů, kterých se dopouštíme nejenom našima rukama a nohama, ale také naší hlavou. Ježíš byl přibit na kříž nohama a rukama, aby nás vykoupil z hříchů, kterých se dopouštíme našima rukama a nohama, a nesl trnovou korunu, aby nás vykoupil z hříchů, kterých se dopouštíme v našich myšlenkách majících původ v naší hlavě. Protože nám již byly odpuštěny hříchy, kterých se dopouštíme v našich myšlenkách, nemusíme Bohu přinášet zvířecí hlavu jako oběť. Namísto zvířecí hlavy potřebujeme sežehnout naše myšlenky ohněm Ducha svatého a uděláme to tak, že zavrhneme myšlenky nepravdy a budeme po celou dobu přemýšlet jen v pravdě.

Když se zaobíráme vždy jen pravdou, nebudeme už v sobě přechovávat myšlenky nepravdy nebo prázdné myšlenky. Protože Duch svatý vede během bohoslužby lidi k tomu, aby odhazovali prázdné myšlenky, soustředili se na kázané slovo a vtiskli si ho do svého srdce, budou moci Bohu přinášet pravou bohoslužbu, která mu bude milá.

Kromě toho je tuk, kterým je myšlen tuhý tuk zvířete, zdrojem energie a života samotného. Ježíš se stal obětí až do bodu prolití veškeré své krve a vody. Když věříme v Ježíše jako svého Pána, nebudeme již muset přinášet Bohu tuk zvířat.

Přesto, "věřit v Pána" není vyplněno pouze vyznáním našich

rtů: „Já věřím." Pokud opravdově věříme, že nás Pán vykoupil z hříchu, musíme hřích zavrhnout, být proměněni Božím slovem a vést svaté životy. I v době uctívání musíme vydávat veškerou svou energii – své tělo, srdce, vůli a největší úsilí – a přinášet Bohu pravou bohoslužbu. Člověk, který vnáší veškerou svou energii do uctívání, si nejenom ukládá Boží slovo ve své hlavě, ale uskutečňuje ho i ve svém srdci. Pouze, když se Boží slovo uskutečňuje v srdci člověka, může se stát životem, silou a požehnáním na duchu i na těle.

7) Vnitřnosti však a hnáty omyje kněz vodou a všechno obrátí na oltáři v obětní dým

Zatímco jiné díly se obětují tak, jak jsou, Bůh nařizuje, aby se vnitřnosti a končetiny, nečisté části zvířete, omyly vodou a obětovaly. "Omytí vodou" se vztahuje na omytí nečistot člověka přinášejícího oběť. Jaké nečistoty se mají omýt? Zatímco lidé ve starozákonní době očišťovali nečistotu oběti, lidé v novozákonní době musejí omývat nečistotu srdce.

V 15. kapitole Matoušova evangelia se odehrává scéna, ve které zákoníci a farizeové kárají Ježíšovy učedníky za to, že jí s neomytýma rukama. Ježíš jim říká: „Ne co vchází do úst, znesvěcuje člověka, ale co z úst vychází, to člověka znesvěcuje" (v. 11). Účinky toho, co vstupuje do úst, končí, když je to vyloučeno z těla, avšak, co vychází z úst, pramení ze srdce s trvalými následky. Jak Ježíš pokračuje ve verších 19-20: „Neboť ze srdce vycházejí špatné myšlenky, vraždy, cizoložství, smilství, loupeže, křivá svědectví, urážky. To jsou věci, které člověka znesvěcují; ale jíst neomytýma rukama člověka neznesvěcuje," musíme očistit svá srdce od hříchu a zla Božím slovem.

Čím více Božího slova vstoupí do našeho srdce, tím více hříchu a zla se eliminuje a vyčistí. Například, pokud si někdo udělá chléb z lásky a žije podle něho, nenávist se eliminuje. Jestliže si člověk udělá chléb z pokory, vytlačí domýšlivost. Pokud si udělá chléb z pravdy, lež a klam se vytratí. Čím více člověk dělá chléb z pravdy a žije podle něho, tím více hříšné přirozenosti bude moci zavrhnout. Přirozeně, jeho víra stále poroste a dosáhne měřítka úrovně, která patří plnosti Krista. Boží moc a autorita ho budou provázet do míry jeho víry. Nejenom že obdrží touhy svého srdce, ale zakusí také požehnání v každém aspektu svého života.

Až poté, co se vnitřnosti a hnáty omyly vodou a všechno se umístilo na ohni, vydávaly libou vůni. Leviticus 1:9 to formuluje jako "oběť ohnivá bude libou vůní pro Hospodina". Když přinášíme Bohu pravou bohoslužbu v Duchu a v pravdě v souladu s jeho Slovem o zápalných obětech, bude tato bohoslužba ohnivou obětí, která se bude Bohu líbit a bude přinášet jeho odpovědi. Naše uctívací srdce bude libou vůní před Bohem, a pokud se bude Bohu líbit, zajistí nám prosperitu v každém aspektu našeho života.

5. Obětování ovcí nebo koz (Leviticus 1:10-13)

1) Mladý beránek nebo kozlík bez vady
Ať jde o ovci nebo kozu, stejně jako u obětování býčků musí

být oběť mladý samec bez vady. V duchovní terminologii se přinášení nevinné oběti vztahuje na uctívání Boha s dokonalým srdcem poznamenaným radostí a vděčností. Boží nařízení, aby byl obětován zvířecí samec, znamená "uctívat rozhodným srdcem bez zakolísání". Zatímco obětní dar se může lišit v závislosti na finančních možnostech každého člověka, postoj člověka přinášejícího oběť musí být vždy svatý a dokonalý bez ohledu na oběť.

2) Oběť musí být poražena při severní straně oltáře a kněz pokropí její krví oltář dokola

Jako v případě obětování býčků je účelem pokropení oltáře zvířecí krví po stranách dokola přijetí odpuštění hříchů, kterých se dopouštíme všude – na východě, na západě, na severu a na jihu. Bůh dovolil, aby namísto krví člověka došlo ke smíření krví zvířete jemu obětovaného.

Proč Bůh nařídil, aby byla oběť poražena při severní straně oltáře? "Severní směr" nebo "severní strana" v duchovním slova smyslu symbolizuje chlad a tmu. Je to výraz často používaný, aby odkázal na něco, co Bůh trestá nebo kárá a co se mu nelíbí.

V Jeremjášovi 1:14-15 čteme:

„Od severu se přivalí zlo na všechny obyvatele země. Hle, povolám všechny čeledi severních království, je výrok Hospodinův. Přijdou a každá postaví svou soudnou stolici u vchodu do jeruzalémských bran, proti všem jeho hradbám kolkolem i proti všem judským městům."

V Jeremjášovi 4:6 nám Bůh říká: „Bez prodlení prchněte do bezpečí! Od severu přivedu zlo a velikou zkázu." Jak vidíme v Bibli, "severní směr" znamená Boží trest nebo pokárání a jako takové musí být zvíře, kterému byly přisouzeny všechny hříchy člověka, poraženo "při severní straně", symbolu prokletí.

3) Rozseká oběť na díly i s hlavou a s tukem a kněz to narovná na dříví; vnitřnosti však a hnáty omyje kněz vodou; všechno přinese v oběť a na oltáři obrátí v obětní dým

Stejným způsobem jako zápalná oběť z býčků se může Bohu přinést také zápalná oběť z ovcí nebo koz, abychom získali odpuštění hříchů, kterých se dopouštíme naší hlavou, rukama a nohama. Starý zákon je jako stín a Nový zákon je jako podoba. Bůh chce, abychom dosáhli odpuštění hříchů nejenom na základě skutků, ale také tím, že obřežeme svá srdce a budeme žít podle jeho Slova. To znamená přinášet Bohu pravou bohoslužbu celým svým tělem, srdcem a vůlí a učinit si z Božího slova chléb vedeni Duchem svatý, abychom zavrhovali nepravdy a žili podle pravdy.

6. Obětování ptactva (Leviticus 1:14-17)

1) Hrdlička nebo holoubě

Holubi jsou nejmírnější a nejchytřejší ze všech ptáků a snadno lidi poslechnou. Protože je jejich maso měkké a obecně přinášejí člověku mnoho užitku, Bůh nařídil, aby se hrdličky nebo holoubata obětovali. Mezi holuby Bůh chtěl, aby se obětovali mladí holoubci, protože chtěl přijímat čisté a mírné oběti. Tyto vlastnosti mladých holoubků symbolizují pokoru a mírnost Ježíše, který se stal obětí.

2) Kněz přinese ptáče k oltáři, nehtem mu natrhne hlavu, pak mu natrhne křídla, ale neodtrhne je; na oltáři je kněz obrátí v obětní dým, jeho krev nechá vykapat na stěnu oltáře

Protože jsou mladí holoubci velmi malí, nemohou být zabiti a rozsekáni na díly a prolije se jen malé množství jejich krve. Z tohoto důvodu, na rozdíl od jiných zvířat, která jsou poražena při severní straně oltáře, se jeho hlava natrhne a krev nechá vykapat; tato část rovněž zahrnuje vložení ruky na hlavu holoubětě. Zatímco se krví oběti pokropí oltář dokola, obřad smíření se koná pouze vykapáním krve na stěnu oltáře kvůli malému množství krve, které holub má.

Navíc, kdyby se holoubek rozsekal na díly, byla by jeho podoba kvůli jeho drobné tělesné konstituci nerozpoznatelná. To je důvod, proč se objevuje pouze natrhnutí holubích křídel, ale ne jejich odtrhnutí od těla. Pro ptáky jsou křídla jejich životem. Skutečnost, že jsou holoubkovi natržena křídla, symbolizuje, že člověk se zcela vydává Bohu a dává mu i svůj vlastní život.

3) Odstraní vole s vývržkem a pohodí to k východní straně oltáře, kde je popel z tuku

Předtím, než se vloží oběť z ptactva na oheň jako zápalná oběť, odstraní se vole i s peřím. Zatímco vnitřnosti býčka, beránka a kůzlete se neodhazují, ale nechají se sežehnout plameny potom, co se omyjí vodou, tak protože je obtížné vyčistit úzké vole a vnitřnosti, Bůh dovolil je odhodit. Skutek odhození holubího volete s jeho peřím, jako v případě očištění nečistých částí býčků a beránků, symbolizuje očištění našeho nečistého srdce a chování od minulosti v hříchu a zlu uctíváním Boha v Duchu a v pravdě.

Ptačí vole s peřím musí být pohozeno k východní straně oltáře, kde je popel z tuku. V Genesis 2:8 čteme, že Bůh "vysadil zahradu v Edenu na východě". Duchovní význam "východu" je místo obklopené světlem. I na Zemi, na které žijeme, je východ směrem, ze kterého vychází slunce a jakmile vyjde slunce, temnota noci je vyhnána pryč.

Jaký význam zde má pohodit vole holoubě i s peřím k východní straně oltáře?

Symbolizuje to naše předstoupení před Pána, který je Světlem, potom co opustíme nečistoty hříchu a zla tím, že přineseme Bohu zápalnou oběť. Jak čteme v Efezským 5:13-14 (Nová smlouva - KMS): „Ale všechno, co je světlem usvědčováno, je zjevováno, neboť všechno, co je zjevováno, je světlo," zavrhujeme nečistotu hříchu a zla, které jsme objevili a stáváme se Božími dětmi tím, že předstupujeme před Světlo. Proto odhození nečistot oběti na východ v duchovním slova smyslu znamená, že my, kdo jsme žili vprostřed duchovních nečistot – hříchu a zla, zavrhujeme hřích a stáváme se Božími dětmi.

Prostřednictvím zápalných obětí býčků, beránků, koz a ptactva můžeme nyní porozumět Boží lásce a spravedlnosti. Bůh nařídil zápalné oběti, protože chtěl, aby žil izraelský lid každou chvíli svého života v přímém a důvěrném společenství s ním tím, že mu budou vždy přinášet zápalné oběti. Když to budete mít na paměti, mám naději, že budete uctívat Boha v Duchu a v pravdě a nedodržovat pouze Hospodinův svatý den odpočinku, ale přinášet Bohu libou vůni svého srdce všech 365 dní v roce. Potom nás náš Bůh, který nám zaslíbil: „Hledej blaho v Hospodinu, dá ti vše, oč požádá tvé srdce" (Žalm 37:4) zasype sprškou požehnání v podobě zdaru a úžasným požehnáním, kdekoliv půjdeme.

Kapitola 4

Přídavná oběť

„Když někdo přinese Hospodinu darem přídavnou oběť, bude jeho darem bílá mouka. Poleje ji olejem, vloží na to kadidlo."

Leviticus 2:1

1. Význam přídavné oběti

2. kapitola knihy Leviticus objasňuje přídavnou oběť a to, jak se má tato oběť přinášet Bohu, aby byla živou a svatou obětí, která se mu bude líbit.

Jak čteme v Leviticu 2:1: „Když někdo přinese Hospodinu darem přídavnou oběť, bude jeho darem bílá mouka," přídavná oběť je oběť přinášená Bohu z jemně semleté mouky. Je to oběť díkůvzdání Bohu, který nám dal život a dává nám náš denní chléb. V dnešní terminologii to znamená oběť díků přinášenou Bohu v průběhu nedělní bohoslužby za to, že nás předcházející týden ochraňoval.

Při obětech přinášených Bohu se vyžaduje prolití krve takových zvířat jako býčků nebo beránků jako oběť za hřích. To proto, že odpuštění našich hříchů prostřednictvím prolití krve zvířat zajišťuje doručení našich modliteb a úpěnlivých proseb svatému Bohu. Přídavná oběť je však oběť díků, která obecně nevyžaduje oddělené prolití krve a přináší se společně se zápalnou obětí. Lidé přinášejí Bohu své dary z prvotin a jiné dobré věci z obilných zrn, která sklidili, jako přídavnou oběť za to, že jim Bůh dal zrna, která mohli zasít, dal jim jídlo a ochránil je do doby sklizně.

Obvykle se jako přídavná oběť přinášela mouka. Bílá mouka, chléb pečený v peci a časně uzrálé klasy pražené na ohni, všechno ochucené olejem a solí s přidaným kadidlem. Potom se plná hrst bílé mouky obětovala v obětní dým, aby potěšila Boha libou vůní.

V Exodu 40:29 čteme: „Oltář pro zápalnou oběť postavil u vchodu do příbytku stanu setkávání. Na něm obětoval zápalnou a přídavnou oběť, jak Hospodin Mojžíšovi přikázal." Bůh přikázal, aby se ve stejnou dobu, kdy se přinášela zápalná oběť, přinášela také přídavná oběť. Proto přinášíme Bohu tu pravou bohoslužbu pouze tehdy, když mu přinášíme dary díků při nedělních bohoslužbách.

Etymologií "přídavné oběti" je "oběť" a "dar". Bůh nechce, abychom navštěvovali nejrůznější bohoslužby s prázdnýma rukama, ale abychom projevovali ve skutcích děkovné srdce tím, že mu přineseme dary díků. Z toho důvodu nám v 1 Tesalonickým 5:18 říká: „Za všech okolností děkujte, neboť to je vůle Boží v Kristu Ježíši pro vás" a v Matoušovi 6:21: „Neboť kde je tvůj poklad, tam bude i tvé srdce."

Proč musíme za všech okolností děkovat a přinášet Bohu přídavné oběti? Za prvé, celé lidstvo upadlo na cestu zkázy kvůli Adamovy neposlušnosti, ale Bůh nám dal Ježíše jako smíření za náš hřích. Ježíš nás vykoupil z hříchu a prostřednictvím něho jsme získali věčný život. Protože Bůh, který stvořil všechno ve vesmíru i člověka, je nyní naším Otcem, můžeme se těšit postavení Božích dětí. Umožnil nám získat věčné nebe, takže jak by pro nás mohl existovat jiný způsob než mu děkovat?

Bůh nám rovněž dává slunce a vládne nad deštěm, větrem a veškerým podnebím, ze kterého se těšíme, takže můžeme sklízet hojnou úrodu, jejímž prostřednictvím nám dává náš denní chléb. Musíme mu děkovat. Kromě toho, je to Bůh, který chrání každého z nás před tímto světem, ve kterém se hojně vyskytují hřích, nespravedlnost, nemoci a neštěstí. Odpovídá na naše modlitby, které mu předkládáme s vírou, a vždy nám žehná, abychom vedli vítězný život. Takže znovu, jak bychom mu jen mohli neděkovat!

2. Podoby přídavných obětí

V Leviticu 2:1 Bůh říká: „Když někdo přinese Hospodinu darem přídavnou oběť, bude jeho darem bílá mouka. Poleje ji olejem, vloží na to kadidlo." Zrna obětovaná Bohu jako přídavná oběť musí být jemně semletá. Boží nařízení o tom, že obětovaná zrna mají být "bílá", naznačuje srdce, se kterým mu máme oběť přinášet. Abychom udělali z obilných zrn bílou mouku, musí zrna projít množstvím procesů včetně loupání, mletí a prosévání. Každý z nich vyžaduje mnoho úsilí a péče. Zabarvení jídla vytvořeného z bílé mouky vypadá báječně a jídlo je mnohem chutnější.

Duchovní význam stojící za Božím přikázáním, aby byla přídavnou obětí "bílá mouka", je ten, že Bůh přijme dary připravené s největší možnou péčí a radostí. S radostí přijímá, když projevujeme děkovné srdce ve skutcích, ne když pouze děkujeme svými ústy. Proto, když dáváme desátky nebo dary díků, musíme si být jisti tím, že dáváme z celého svého srdce, aby je Bůh s radostí přijal.

Bůh je vládce nade všemi věcmi a on přikazuje člověku, aby mu dával dary. Není to však proto, že by sám něco postrádal.

Má moc rozhojnit majetek úplně každého člověka a vzít majetek úplně každému člověku. Důvod, proč od nás chce Bůh dostávat dary, je ten, aby nám mohl ještě mnohem více a hojněji požehnat prostřednictvím darů, které mu s vírou a láskou přinášíme.

Jak najdeme ve 2 Korintským 9:6: „Vždyť kdo skoupě rozsévá, bude také skoupě sklízet, a kdo štědře rozsévá, bude také štědře sklízet," sklízet podle toho, co kdo zaseje, je zákon duchovního světa. Takže aby nám mohl ještě hojněji požehnat, vyučuje nás Bůh o tom, abychom mu přinášeli oběti díků.

Když věříme v tuto skutečnost a tudíž přinášíme oběti, musíme přirozeně dávat z celého svého srdce, zrovna jako bychom Bohu přinášeli oběti z bílé mouky a musíme mu dávat nejvzácnější oběti, které jsou nevinné a čisté.

"Bílá mouka" rovněž znamená Ježíšovu přirozenost a život, z nichž obojí je samo o sobě dokonalé. Rovněž nás to vyučuje o tom, že zrovna jako vynakládáme co největší možnou péči, když vyrábíme bílou mouku, musíme vést i své životy ve dřině a v poslušnosti.

Když lidé přinášeli přídavné oběti v podobě mouky z obilných zrn, tak potom co zadělali mouku s olejem a upekli ji v peci nebo ji vylili jako lité těsto na pánev nebo ji upekli v kotlíku, ji lidé na oltáři obrátili v obětní dým. Skutečnost, že se přídavné oběti přinášely různými způsoby, znamená, že prostředky, kterými se lidé živili, stejně jako důvody pro vzdání díků, se lišily.

Jinými slovy, kromě důvodů, které nás vždy o nedělích vedou k díkům, můžeme děkovat za to, že jsme obdrželi požehnání nebo odpovědi na touhy svého srdce, vírou překonali pokušení a zkoušky a podobně. Nicméně, zrovna jako nám Bůh nařizuje, abychom "za všech okolností děkovali", musíme hledat důvody, proč být vděční a podle toho děkovat. Až poté Bůh přijme vůni našeho srdce a zajistí, aby se důvody, proč děkovat, v našem životě ještě rozhojnily.

3. Přinášení přídavné oběti

1) Přídavná oběť z bílé mouky s olejem a kadidlem

Polití bílé mouky olejem způsobí, že se mouka stane těstem a vyprodukuje se výborný chléb, zatímco vložení kadidla na chléb pozvedne celkovou kvalitu a vzezření oběti. Když se to přineseno knězi, kněz z toho vezme plnou hrst bílé mouky s olejem i všechno kadidlo a obrátí to na oltáři v obětní dým. Takto se vydává libá vůně.

Jaký význam má polití mouky olejem?

"Olej" se zde vztahuje na tuk zvířat nebo pryskyřičný olej extrahovaný z rostlin. Zadělání bílé mouky "olejem" naznačuje, že musíme vydat veškerou svou energii – celé naše životy – abychom přinášeli oběti Bohu. Když uctíváme Boha nebo mu přinášíme dary, Bůh nám dává vedení Duchem svatým a plnost Ducha svatého a umožňuje nám vést život, ve kterém s ním máme přímé a důvěrné společenství. Polití olejem symbolizuje, že ať přinášíme Bohu cokoliv, musíme mu to dávat z celého svého srdce.

Co znamená vložit na oběť kadidlo?

V Římanům 5:7 čteme: „Sotva kdo je hotov podstoupit smrt za spravedlivého člověka, i když za takového by se snad někdo odvážil nasadit život." Avšak v souladu s Boží vůlí Ježíš zemřel za nás, kteří nejsme ani spravedliví ani dobří, ale hříšní. A nyní, jak libou vůní byla pro Boha Ježíšova láska? Ježíš zničil autoritu smrti, byl vzkříšen, usedl po Boží pravici, stal se Králem králů a opravdovou neocenitelnou vůní před Bohem.

Efezkým 5:2 nás nabádá: „A žijte v lásce, tak jako Kristus miloval nás a sám sebe dal za nás jako dar a oběť, jejíž vůně je Bohu milá." Když byl Ježíš obětován Bohu jako obětní dar, byl jako oběť s kadidlem na sobě vloženým. Proto, zatímco jsme získali Boží lásku, musíme rovněž obětovat sami sebe jako milou a libou vůni, jako to udělal Ježíš.

"Vložit na bílou mouku kadidlo" znamená, že zrovna jako Ježíš velebil Boha libou vůní prostřednictvím své povahy a skutků, i my musíme žít podle Božího slova celým svým srdcem a velebit ho tím, že z nás bude vycházet Kristova vůně. Pouze když přinášíme Bohu dary díků, zatímco z nás vychází Kristova vůně, se naše dary stanou přídavnými oběťmi hodnými Božího přijetí.

2) Žádný kvas a žádný med

V Leviticu 2:11 čteme: „Žádná přídavná oběť, kterou přinesete Hospodinu, nebude připravována kvašením; žádný kvas a žádný med neobrátíte v obětní dým jako ohnivou oběť Hospodinu." Bůh přikázal, aby nebyl do chleba obětovaného Bohu přidáván žádný kvas, protože zrovna jako kvas prokvasí těsto z mouky, duchovní "kvas" zkazí a zničí oběť.

Neměnný a dokonalý Bůh chce, aby naše oběti zůstaly nezkažené a byly mu obětovány jako bílá mouka samotná – z hloubi našeho srdce. Proto, když mu přinášíme dary, musíme je dávat s neměnným, čistým a ryzím srdcem a s vděčností, láskou a vírou v Boha.

Když přinášejí dary, myslí někteří lidé na to, jak je vnímají ostatní a dávají jen formálně. Jiní dávají se srdcem naplněným smutkem a starostmi. Avšak, jako nás Ježíš varoval před kvasem farizeů, kterým je pokrytectví, tak pokud dáváme, zatímco předstíráme svatost pouze navenek a hledáme spíše uznání druhých, naše srdce se bude podobat přídavné oběti poskvrněné kvasem a nemá nic co do činění s Bohem.

Proto musíme dávat bez kvasu a z hloubi svého srdce v lásce a vděčnosti vůči Bohu. Nesmíme dávat s nechutí nebo vprostřed zármutku a starostí bez víry. Musíme dávat v hojnosti s pevnou vírou v Boha, který přijme naše oběti a požehná nám na duchu i na těle. Aby nás naučil duchovnímu významu, nařídil Bůh, aby se nepřinášela žádná oběť připravovaná kvašením.

Jsou však chvíle, kdy nám Bůh umožňuje přinášet mu oběti připravované kvašením. Tyto oběti nejsou obráceny v obětní dým, ale kněz s nimi zamává u oltáře tam a zpět, aby vyjádřil přinesení oběti Bohu, a zanese je zpátky lidem, aby se o ně podělili a snědli je. Toto se nazývá "oběť podávání", do které bylo na rozdíl od přídavné oběti dovoleno přidávat kvas, když se procedury změnily.

Například, lidé víry navštěvují bohoslužby nejenom v neděli, ale navštěvují i jiné bohoslužby. Když lidé slabé víry navštěvují nedělní bohoslužby, ale ne páteční celonoční bohoslužby nebo středeční večerní bohoslužby, Bůh nebude pokládat jejich chování za hříšné. Pokud jde o procedury, tak zatímco se u nedělní bohoslužby dodržuje přísné nastavení uspořádání, tak u bohoslužby se členy buněk nebo doma u členů církve, ačkoliv rovněž následují základní strukturu sestávající se ze slova, modliteb a chval, se procedury mohou v závislosti na okolnostech upravit. Zatímco se držíme základních a nezbytných pravidel, tak skutečnost, že Bůh dává prostor pro trochu flexibility v závislosti na okolnostech člověka nebo míře jeho víry, je duchovním významem přinášení obětí učiněných s kvasem.

Proč Bůh zakázal přidávat med?

Zrovna jako kvas, tak i med může zničit vlastnosti bílé mouky. Medem se zde má na mysli sladký sirup vyrobený z datlové šťávy v Palestině. Ten může snadno začít kvasit a shnít. Z tohoto důvodu Bůh zakázal kažení neporušenosti mouky přidáním medu. Také nám říká, že když ho Boží děti uctívají nebo mu přinášejí oběti, mají takto činit s dokonalým srdcem, které neklame ani se nemění.

Lidé se mohou domnívat, že přidání medu způsobí, že bude obětní dar vypadat lépe. Bez ohledu na to, jak dobře něco vypadá pro člověka, Bohu se líbí přijímat to, co on nařídil a co mu člověk přísahal přinášet. Někteří lidé předčasně přísahají, že dají Bohu něco zvláštního, ale když se změní okolnosti, sami si to rozmyslí a dají něco jiného. Bůh však nenávidí, když se lidé rozmyslí ohledně něčeho, co Bůh přikázal, nebo se rozmyslí ohledně něčeho, co přísahali dát, když došlo k působení Ducha svatého, jen aby nyní získali osobní prospěch. Proto, pokud člověk přísahal obětovat zvíře, musel ho nutně obětovat Bohu, jak je zaznamenáno v Leviticu 27:9-10, kde čteme: „Půjde-li o dobytek, z něhož se přináší dar Hospodinu, každý kus daný Hospodinu bude svatý. Nevymění jej a nezamění dobrý za špatný ani špatný za dobrý. Jestliže pak přece zamění dobytče za jiné, bude svaté to i ono."

Bůh chce, abychom mu dávali s čistým srdcem nejenom, když mu dáváme dary, ale za všech okolností. Pokud je v srdci člověka zaváhání nebo klam, projeví se kvůli takovým vlastnostem chování nepřijatelné pro Boha.

Například král Saul nepřihlížel k Božím nařízením a přizpůsobil si je svým představám. Následkem toho bylo, že neuposlechl Boha. Bůh nařídil Saulovi, aby zničil amáleckého krále, všechen lid a veškerá zvířata. Potom, co zvítězil díky Boží moci, však Saul nenásledoval Boží nařízení. Ušetřil a přivedl si nazpět amáleckého krále Agaga a ta nejlepší z jeho zvířat. I potom, co byl pokárán, nečinil Saul pokání, ale zůstal neposlušný, až ho nakonec Bůh opustil.

Numeri 23:19 nám říká: „Bůh není člověk, aby lhal, ani lidský syn, aby litoval." Abychom byli Bohu milí, naše srdce musí být nejprve přeměněno v čisté srdce. Nezáleží na tom, jak dobré se něco může člověku a jeho způsobu myšlení zdát, nikdy nesmí udělat to, co Bůh zakázal. To se nesmí ani v průběhu času nikdy změnit. Když člověk zachovává Boží vůli s čistým srdcem a beze změny srdce, Bůh v něm má zalíbení. Přijímá jeho dary a žehná mu.

V Leviticu 2:12 čteme: „Můžete je přinést Hospodinu jako dar z prvotin, ale nebudou na oltáři obětovány v libou vůni." Oběť musí mít libou vůni, kterou Bůh s radostí přijímá. Zde nám Bůh říká, že přídavné oběti nesmí být obětovány na oltáři pro jediný účel obrácení v obětní dým a libou vůni. Účel našeho darování přídavné oběti nespočívá ve skutku samotném, ale v obětování Bohu vůně našeho srdce.

Bez ohledu na to, kolik dobrých věcí se obětuje, tak pokud to není obětováno s laskavým srdcem, které se Bohu líbí, může to být libá vůně pro člověka, ale ne pro Boha. Podobá se to darům dětí svým rodičům, které jsou darovány se srdcem plným vděčnosti a lásky za milost, že jim dali život a vychovávají je v lásce, ne formálně, ty budou pro rodiče zdrojem opravdové radosti.

Ze stejného důvodu Bůh nechce, abychom mu dávali ze zvyku a s ujištěním se: „Udělal jsem, co jsem udělat měl," ale abychom vyzařovali vůni svého srdce naplněného vírou, nadějí a láskou.

3) Osolit solí

V Leviticu 2:13 čteme: „Každý dar své přídavné oběti solí osolíš. Nenecháš svou přídavnou oběť bez soli smlouvy svého Boha. S každým svým darem přineseš sůl." Sůl se rozpouští do jídla, chrání ho před zkažením a dává jídlu chuť tím, že ho osolí.

"Osolit solí" v duchovním slova smyslu znamená "zjednat

pokoj". Zrovna jako se sůl musí rozpustit do jídla, aby ho ochutila, tak sehrát roli soli, kterou můžeme dosáhnout pokoje, vyžaduje oběť v podobě smrti nás samotných. Proto Boží nařízení, že se má přídavná oběť osolit solí, znamená, že musíme přinášet Bohu oběti tím, že obětujeme své já, abychom zjednali pokoj.

Za tímto účelem musíme nejprve přijmout Ježíše Krista a zjednat si pokoj s Bohem tím, že budeme bojovat až do prolití krve, abychom zavrhli hřích, zlo, žádostivost a staré já.

Dejme tomu, že někdo se úmyslně dopouští hříchů, které Bůh pokládá za ohavné a potom přinese Bohu dar bez toho, aby činil pokání ze svých hříchů. Bůh nemůže dar s radostí přijmout, protože pokoj mezi tímto člověkem a Bohem byl již narušen. To je důvod, proč žalmista napsal:„ Kdybych se snad upnul srdcem k ničemnosti, byl by mě Panovník nevyslyšel" (Žalm 66:18). Bůh rád přijme nejenom naše modlitby, ale také naše dary až poté, co se odchýlíme od hříchu, zjednáme si s ním pokoj a přineseme mu dary.

Zjednat pokoj s Bohem vyžaduje, aby každý člověk učinil oběť v podobě smrti svého já. Zrovna jako vyznal apoštol Pavel: „Den ze dne hledím smrti do tváře," tak pouze když člověk zapře sám sebe a učiní oběť v podobě smrti svého já, může dosáhnout pokoje s Bohem.

Musíme žít rovněž v pokoji se svými bratry a sestrami ve víře. Ježíš nám v Matoušovi 5:23-24 říká: „Přinášíš-li tedy svůj dar na oltář a tam se rozpomeneš, že tvůj bratr má něco proti tobě, nech svůj dar před oltářem a jdi se nejprve smířit se svým bratrem;

potom teprve přijď a přines svůj dar." Bůh nepřijme naše dary s radostí, pokud se dopouštíme hříchu, jednáme zle a mučíme své bratry a sestry v Kristu.

Dokonce, i když nám náš bratr udělá něco zlého, nesmíme ho nenávidět ani proti němu reptat, ale musíme mu odpustit a mít s ním pokoj. Bez ohledu na důvody, nemůžeme mít neshody a rozpory se svými bratry a sestrami v Kristu, zraňovat je nebo způsobit, že klopýtnou. Až poté, co budeme mít pokoj se všemi lidmi a naše srdce budou naplněna Duchem svatým, radostí a vděčností, budou naše dary 'osoleny solí'.

Rovněž v Božím nařízení "osolíš solí" je hlavní význam smlouvy, jak ho nacházíme v "soli smlouvy svého Boha". Sůl se čerpá z vody oceánů a voda znamená Boží slovo. Zrovna jako má sůl vždy slanou chuť, Boží slovo smlouvy se také nikdy nezmění.

"Osolit solí" oběti, které předkládáme Bohu, znamená, že musíme důvěřovat v neměnnou smlouvu věrného Boha a dávat z celého svého srdce. Při dávání darů díků musíme věřit, že Bůh se jistě odmění mírou natlačenou, natřesenou a vrchovatou a požehná nám 30, 60 a 100 krát více, než jsme mu sami dali.

Někteří lidé říkají: „Nedávám v očekávání toho, že se mi dostane požehnání, ale prostě proto." Bohu se ale bude více líbit víra člověka, který pokorně hledá jeho požehnání. Židům 11 nám říká, že když se Mojžíš vzdal trůnu egyptského prince, "upíral svou mysl k budoucí odplatě", kterou mu Bůh dá. Našemu Ježíši, který rovněž upíral svou mysl k odplatě, nevadilo ponížení na kříži. Protože upíral svou mysl na úžasné ovoce – slávu, kterou mu Bůh měl udělit a spasení lidstva – dokázal Ježíš klidně snést strašlivý trest na kříži.

Samozřejmě, že něčí "upírání mysli k budoucí odplatě" se zcela liší od vypočítavého srdce někoho jiného, kdo očekává získat něco na oplátku, protože už něco dal. I kdyby nebyla žádná odplata, může být člověk ve své lásce k Bohu připraven vzdát se i svého vlastního života. Nicméně když bude chápat srdce našeho Boha Otce, který mu touží požehnat, a věřit v Boží moc, tak když bude usilovat o požehnání, bude se jeho skutek Bohu líbit ještě více. Bůh zaslíbil, že člověk sklidí, co zasel a že dá těm, kteří ho hledají. Bohu je milé, když dáváme dary ve své víře v jeho Slovo, stejně jako se mu líbí naše víra, se kterou prosíme o jeho požehnání podle jeho příslibu.

4) Zbytek přídavné oběti patří Áronovi a jeho synům

Zatímco zápalná oběť se celá obracela na oltáři v obětní dým, přídavná oběť se přinášela knězi a pouze část z ní se Bohu obětovala na oltáři v obětní dým. To znamená, že zatímco máme Bohu předkládat různé bohoslužby uctívání, oběti díků – přídavné oběti – se mají Bohu dávat, aby se použily pro Boží království a spravedlnost a jejich díly se mají použít pro kněze, kterými jsou v dnešní době služebníci Pána a pracovníci v církvi. Jak nám říká Galatským 6:6:„Kdo je vyučován v slovu, nechť se s vyučujícím dělí o všechno potřebné k životu," tak když členové církve, kterým se dostalo milosti od Boha, přinášejí dary díků, Boží služebníci, kteří vyučují Slovo, se o tyto dary dělí.

Přídavné oběti se Bohu dávají společně se zápalnými oběťmi a slouží jako model života ve službě, který Kristus sám vedl. Proto musíme s vírou dávat dary celým svým srdcem a co největší. Mám naději, že každý čtenář bude uctívat Boha způsobem, který je náležitý podle Boží vůle a dostane se mu hojného požehnání každý den díky tomu, že bude Bohu přinášet dary s libou vůní, které se mu budou líbit.

Kapitola 5

Pokojná oběť

„Jestliže někdo připraví jako svůj dar hod oběti pokojné ze skotu, ať už býka nebo krávu, přivede před Hospodina zvíře bez vady."

Leviticus 3:1

1. Význam pokojné oběti

Ve 3. kapitole knihy Leviticus jsou zaznamenány předpisy ohledně oběti pokojné. Pokojná oběť zahrnuje poražení zvířete bez vady, pokropení oltáře jeho krví dokola a obrácení jeho tuku na oltáři v obětní dým jako libé vůně pro Hospodina. Zatímco jsou postupy pro pokojnou oběť podobné těm pro oběť zápalnou, existuje zde množství rozdílů. Někteří lidé špatně chápou účel pokojné oběti a přemýšlí o ní jako o prostředku, jak dosáhnout odpuštění hříchů; primární význam oběti za vinu a oběti za hřích je odpuštění hříchů.

Pokojná oběť je oběť zaměřená na dosažení pokoje mezi Bohem a námi a lidé jejím prostřednictvím vyjadřují vděčnost, skládají Bohu přísahy a dávají Bohu dobrovolně dary. Přinášejí je zvlášť lidé, kterým byly odpuštěny jejich hříchy prostřednictvím obětí za hřích a zápalných obětí a nyní mají přímý a důvěrný vztah s Bohem. Účel pokojné oběti je mít pokoj s Bohem, takže mohou lidé Bohu důvěřovat z celého svého srdce v každém aspektu svého života.

Zatímco je přídavná oběť ve 2. kapitole knihy Leviticus pokládána za oběť díků, jedná se o obvyklou oběť díků, která se dává z vděčnosti Bohu, který nás spasil, chrání nás a dává nám denní chléb a liší se od pokojné oběti a vděčnosti v ní vyjádřené. Kromě obětí díků, které přinášíme Bohu v neděli, dáváme odděleně oběti díků, když nastanou jiné zvláštní důvody k poděkování. Zahrnuté v pokojné oběti jsou dobrovolně přinášené dary, abychom se Bohu líbili, oddělili se a zůstali posvěcení, abychom žili podle Božího slova a získali od něj touhy svého srdce.

Zatímco dar pokojné oběti si nese mnohočetné významy, ten nejzákladnější účel v ní zakotvený je mít pokoj s Bohem. Jakmile máme pokoj s Bohem, on nám dává sílu, díky které můžeme žít podle pravdy, odpovídá na touhy našeho srdce a dává nám milost, díky které můžeme naplnit jakékoli sliby, které jsme mu dali.

Jak nám říká 1 Janův 3:21-22: „Moji milí, jestliže nás srdce neobviňuje, máme svobodný přístup k Bohu; oč bychom ho žádali, dostáváme od něho, protože zachováváme jeho přikázání a činíme, co se mu líbí. A to je jeho přikázání: věřit jménu jeho Syna Ježíše Krista a navzájem se milovat, jak nám přikázal," když získáme svobodný přístup k Bohu tím, že žijeme podle pravdy, budeme s ním mít pokoj a zakusíme jeho působení v čemkoli, oč ho požádáme. Pokud se mu zalíbíme ještě více zvláštními dary, dokážete si představit, o co rychleji Bůh odpoví a požehná nám?

Proto je nanejvýš naléhavé, abychom správně porozuměli významu přídavné oběti a pokojné oběti a dokázali rozlišit dary oběti přídavné od darů oběti pokojné, takže Bůh s radostí přijme naše dary.

2. Podoby pokojných obětí

Bůh nám v Leviticu 3:1 říká: „Jestliže někdo připraví jako svůj dar hod oběti pokojné ze skotu, ať už býka nebo krávu, přivede před Hospodina zvíře bez vady." Bez ohledu na to, zda je dar pokojné oběti beránek nebo koza a zda jde o samce nebo samici, musí být bez vady (Leviticus 3:6,7 a 12).

Darem zápalné oběti musel být samec ze skotu nebo ovcí bez vady. To proto, že dokonalý dar pro zápalnou oběť – pro pravou bohoslužbu – symbolizuje Ježíše Krista, Božího Syna bez viny.

Nicméně, přitom jak přinášíme Bohu pokojnou oběť, abychom s ním dosáhli pokoje, není třeba rozlišovat samici a samce, hlavně když je to oběť bez vady. To, že zde není při přinášení pokojné oběti rozdílu, co se týče samce nebo samice, vychází z Římanům 5:1: „Když jsme tedy ospravedlněni z víry, máme pokoj s Bohem skrze našeho Pána Ježíše Krista." Při dosahování pokoje s Bohem působením Ježíšovy krve na kříži neexistuje rozdíl mezi samcem a samicí.

Když Bůh nařizuje, aby byla oběť "bez vady", touží po tom, abychom mu dávali ne se zlomeným duchem, ale se srdcem krásného dítěte. Nesmíme dávat zdráhavě ani přitom usilovat o uznání druhých, ale dobrovolně a s vírou. Smysl přinášet nevinnou oběť nám dává pouze tehdy, když přinášíme oběť díků za Boží milost spasení. Obětí přinášenou Bohu, abychom mu mohli důvěřovat v každém aspektu svého života, aby s námi byl a vždy nás chránil, a tak jsme mohli žít podle jeho vůle, musí být to nejlepší, co můžeme dát a musíme to dát s největší možnou péčí a z celého svého srdce.

Když srovnáme dary zápalných obětí a dary pokojných obětí, můžeme si povšimnout jedné zajímavé skutečnosti: z druhých uvedených byli vyloučeni holubi. Proč tomu tak je? Nezáleží na tom, jak chudý člověk je, zápalnou oběť musí přinášet Bohu každý a to je důvod, proč Bůh svolil k obětování holubů, kteří mají mimořádně nízkou cenu.

Například, když nováček v životě v Kristu se slabou, malou vírou, navštěvuje pouze nedělní bohoslužby, Bůh to pokládá za zápalnou oběť, kterou mu tím přináší. Zatímco celá zápalná oběť se přináší Bohu, když žijí věřící zcela podle Božího slova, udržují přímý a důvěrný vztah s Bohem a uctívají ho v Duchu a v pravdě, v případě nováčka ve víře, který pouze dodržuje Hospodinův svatý den odpočinku, to Bůh bude pokládat za oběť holuba malé hodnoty jako zápalné oběti a povede ho na cestu spasení.

Nicméně, pokojná oběť není vyžadovaná oběť, ale dobrovolná oběť. Přináší se Bohu, aby člověk obdržel odpovědi a požehnání tím, že se zalíbí Bohu. Kdyby se měli přinášet holubi nízké hodnoty, ztratilo by to svůj význam a účel zvláštní oběti a to je důvod, proč byli holubi vyloučeni.

Dejme tomu, že člověk chce přinést oběť, aby naplnil přísahu nebo slib, hlubokou touhu, nebo aby od Boha získal uzdravení z nevyléčitelné nemoci nebo z nemoci v závěrečném stadiu. S jakým postojem srdce by měl svou oběť přinést? Bude ji připravovat ještě horlivěji než oběť díků, kterou přináší pravidelně. Bohu se bude nejvíce líbit, když mu připravíme samce ze skotu nebo, v závislosti na možnostech každého člověka, pokud mu obětujeme samici ze skotu nebo ovcí nebo koz, ale hodnota oběti holuba je příliš nepatrná.

Samozřejmě, že tím není řečeno, že "hodnota" oběti zcela závisí na její peněžní hodnotě. Když každý člověk připraví oběť celým svým srdcem a myslí a s největší možnou péčí podle okolností, ve kterých se nachází, Bůh ocení hodnotu oběti na základě duchovní vůně v ní obsažené.

3. Přinášení pokojné oběti

1) Vložení ruky na hlavu pokojné oběti a poražení oběti před vchodem do stanu setkávání

Pokud člověk, který přináší oběť, vloží svou ruku na jeho hlavu před vchodem do stanu setkávání, přičítá své hříchy zvířeti. Když člověk přinášející pokojnou oběť vkládá svou ruku na oběť, odděluje tím zvíře jako oběť pro Boha a tím ho pomazává.

Aby se naše oběti, na které vkládáme ruce, líbily Bohu, nesmíme určovat množství podle svých tělesných myšlenek, ale podle toho, jak nás vede Duch svatý. Pouze takové oběti Bůh se zalíbením přijme, oddělí a pomaže.

Potom, co člověk, který oběť přináší, vloží svou ruku na hlavu oběti, porazí ji před vchodem do stanu setkávání. Ve starozákonní době mohl vstoupit do svatyně pouze kněz a lidé poráželi zvířata před vchodem do stanu setkávání. Nicméně protože Ježíš Kristus zbořil hradbu z hříchů, která stála na naší cestě k Bohu, můžeme v dnešní době vstoupit do svatyně, uctívat Boha a mít s ním přímý a důvěrný vztah.

2) Áronovci, kněží, pokropí krví oltář dokola

Leviticus 17:11 nám říká: „V krvi je život těla. Já jsem vám ji určil na oltář k vykonávání smírčích obřadů za vaše životy. Je to krev; pro život, který je v ní, se získává smíření." Židům 9:22 nám rovněž říká: „Podle zákona se skoro vše očišťuje krví, a bez vylití krve není odpuštění" a připomíná nám, že pouze krví můžeme být očištěni. Při přinášení pokojných obětí Bohu za přímé a důvěrné duchovní společenství s Bohem je pokropení krví nezbytné, protože my, u kterých byl vztah s Bohem přetržen, s ním nikdy nemůžeme mít pokoj bez působení krve Ježíše Krista.

To, že kněží kropí krví oltář dokola, znamená, že ať nás povedou naše nohy kamkoliv a ať budou okolnosti okolo nás jakékoliv, vždy dosáhneme pokoje s Bohem. Aby se symbolizovalo, že Bůh je vždy s námi, chodí s námi, chrání nás a žehná nám, kamkoliv jdeme, v čemkoliv, co děláme a s kýmkoliv jsme, pokropí se krví oltář dokola.

3) Z hodu oběti pokojné přinese Hospodinu ohnivou oběť

Leviticus 3 rozvádí metody, jak obětovat nejenom býka, ale také beránka a kozu jako pokojnou oběť. Protože jsou metody téměř stejné, zaměříme se na obětování býka jako oběti pokojné. Při srovnání oběti pokojné s obětí zápalnou víme, že všechny části oběti stažené z kůže se obětovaly Bohu. Významem zápalné oběti je pravá bohoslužba, a protože bohoslužba je určena pouze Bohu, oběti se spálily celé.

Při přinášení pokojných obětí se neobětovaly všechny části oběti. Jak čteme v Leviticu 3:3-4: „Tuk pokrývající vnitřnosti i všechen tuk, který je na vnitřnostech, dále obě ledviny i s tukem, který je na nich i na slabinách, a jaterní lalok; odejme jej nad ledvinami," tuk, který pokrývá důležité části zvířecích vnitřností, se má obětovat Bohu v libou vůni. Obětování tuku z různých částí zvířete symbolizuje, že musíme mít pokoj s Bohem, kdekoliv jsme a za jakýchkoliv okolností.

Mít pokoj s Bohem rovněž vyžaduje, abychom měli pokoj se všemi lidmi a usilovali o svatost. Pouze, když máme pokoj se všemi lidmi, můžeme se stát dokonalými Božími dětmi (Matouš 5:46-48).

Až poté, co se odstraní z oběti, která se má přinést Bohu, tuk, oddělí se části určené pro kněze. V Leviticu 7:34 čteme: „Hrudí z oběti podávání a kýtu z oběti pozdvihování jsem totiž Izraelcům odebral z jejich hodů oběti pokojné a dávám je knězi Áronovi a jeho synům." Zrovna jako části z přídavné oběti byly určeny pro kněze, části z pokojné oběti, kterou přinášeli lidé Bohu, byly určeny k živobytí pro kněze a Léviovce, jež sloužili Bohu a svému lidu.

Stejně tak je tomu v novozákonní době. Prostřednictvím obětí přinášených Bohu věřícími se koná Boží působení za spasení duší a udržuje se živobytí služebníků Pána a církevních pracovníků. Po oddělení částí pro Boha a kněze zkonzumuje zbytek člověk, který oběť přinesl; to je charakteristická zvláštnost pokojné oběti. To, že oběť zkonzumuje člověk, který ji přinesl, znamená, že Bůh projeví, že oběť byla hodna jeho zalíbení prostřednictvím takových důkazů, jako jsou odpovědi a požehnání.

4. Předpis tuku a krve

Když se zabilo zvíře jako oběť přinesená Bohu, kněz pokropil jeho krví oltář dokola. Kromě toho, protože všechen tuk náležel

Hospodinu, byl pokládán za posvátný a obětován na oltáři v obětní dým jako oběť ohnivá, která bude libou vůní pro Boha. Lidé ve starozákonní době nejedli žádný tuk ani krev, protože tuk a krev jsou spojeny se životem. Krev představuje život těla a tuk, jako podstata těla, je na tom stejně jako život. Tuk usnadňuje hladké fungování těla a životní činnosti.

Jaký duchovní význam "tuk" zastává?

"Tuk" primárně znamená nejvyšší možnou péči, která je dokonalého srdce. Přinášení tuku jako ohnivé oběti znamená, že přinášíme Bohu všechno, co máme a všechno, co jsme. To se vztahuje na největší možnou péči a celé srdce, se kterým člověk přináší oběti hodné Božího přijetí. Zatímco obsah při přinášení obětí díků na oltář pro dosažení pokoje tím, že se mu zalíbíme nebo vydání se v oddanosti Bohu jsou důležité, ještě důležitější je postoj srdce a míra péče, se kterou oběť přinášíme. Pokud člověk, který udělal něco, co je v Božích očích špatné, přináší oběť, aby dosáhl pokoje s Bohem, bude muset tuto oběť přinést s větší oddaností a s dokonalejším srdcem.

Samozřejmě, že odpuštění hříchu vyžaduje předložení oběti za hřích a oběti za vinu. Nicméně, jsou chvíle, kdy člověk doufá v to jít nad a mimo prosté přijetí odpuštění hříchů, ale chce dosáhnout skutečného pokoje s Bohem tím, že se mu zalíbí. Například, když dítě udělá něco špatného svému otci a vážně zraní jeho srdce, otcovo srdce může roztát a dítě může dosáhnout opravdového pokoje mezi nimi dvěma, pokud vynaloží veškeré své úsilí k tomu, aby se zalíbilo svému otci namísto toho, aby řeklo pouhé promiň a dosáhlo odpuštění svého špatného chování.

Navíc, "tuk" se rovněž vztahuje na modlitby a plnost Ducha svatého. Ve 25. kapitole evangelia Matouše je pět rozumných družiček, které si s sebou vzaly s lampami i olej v nádobkách a pět pošetilých družiček, které si nevzaly s lampami i olej, a proto jim nebylo dopřáno vstoupit na svatbu. "Olej" zde v duchovním slova smyslu znamená modlitby a plnost Ducha svatého. Pouze, když obdržíme plnost Ducha svatého prostřednictvím modliteb a jsme bdělí, můžeme se vyhnout tomu, abychom byli pošpiněni světskými touhami, a můžeme očekávat svého Pána, ženicha, potom, co jsme se připravili jako jeho překrásná nevěsta.

Modlitby musí doprovázet pokojná oběť, kterou přineseme Bohu, abychom se mu zalíbili a obdrželi od něj odpovědi. Tyto modlitby nesmějí být pouhou formalitou; musíme je přinášet z celého svého srdce a se vším, co máme a se vším, co jsme, zrovna jako se Ježíšův pot proměnil v kapičky krve, které dopadaly na zem, když se modlil v Getsemane. Kdokoliv, kdo se modlí tímto způsobem, bude jistě bojovat a zavrhne hřích, stane se posvěceným a obdrží shůry vedení a plnost Ducha svatého. Když přinese takový člověk Bohu pokojnou oběť, Bohu se to bude líbit a rychle odpoví.

Pokojná oběť je oběť, kterou přinášíme Bohu v naprosté důvěře, takže můžeme vést hodnotné životy v jeho společnosti a pod jeho ochranou. Když chceme mít pokoj s Bohem, musíme se odvrátit od svých cest, které se jeho očím nelíbí; musíme mu přinášet oběti z celého svého srdce a s radostí a přijímat skrze modlitby plnost Ducha svatého. Potom budeme naplněni nadějí v nebe a vést vítězné životy, protože budeme mít pokoj s Bohem. Mám naději, že každý čtenář vždy dostane od Boha odpovědi a požehnání proto, že se bude modlit vedený Duchem svatým a v plnosti Ducha svatého celým svým srdcem a že přinese Bohu pokojnou oběť, která se bude líbit jeho očím.

Kapitola 6

Oběť za hřích

„Mluv k Izraelcům: ‚Když se někdo neúmyslně prohřeší proti kterémukoli příkazu Hospodinovu něčím, co se dělat nesmí, a dopustí se něčeho proti některému z nich, pak platí: Jestliže se prohřeší pomazaný kněz a uvalí tím vinu na lid, ať přivede Hospodinu za svůj hřích, jehož se dopustil, mladého býčka bez vady k oběti za hřích.'"

Leviticus 4:2-3

1. Význam a druhy obětí za hřích

Naší vírou v Ježíše Krista a působením jeho krve nám byly odpuštěny všechny naše hříchy a došli jsme spasení. Nicméně aby byla naše víra uznána jako opravdová, nemůžeme pouze vyznat ústy: „Já věřím", ale projevit ji ve skutcích a pravdivosti. Když projevíme před Bohem jako důkaz skutky víry, které Bůh uzná, uvidí tuto víru a odpustí nám naše hříchy.

Jak můžeme získat odpuštění hříchů vírou? Samozřejmě, že každé Boží dítě musí vždy kráčet ve světle a nikdy nehřešit. Přesto, existuje-li hradba stojící mezi Bohem a věřícím, který se dopustil hříchů, když ještě nebyl dokonalý, potřebuje znát řešení a jednat podle toho. Řešení se dají nalézt v Božím slově zaobírajícím se obětí za hřích.

Oběť za hřích je, jak čteme, oběť přinesená Bohu jako smíření za hříchy, kterých jsme se dopustili v našich životech a způsob se liší podle našich Bohem udělených povinností a individuální míry víry. 4. kapitola knihy Leviticus hovoří o oběti za hřích, kterou přináší pomazaný kněz, celá pospolitost, předák a někdo z lidu země.

2. Oběť za hřích pomazaného kněze

Bůh říká Mojžíšovi v Leviticu 4:2-3: „Mluv k Izraelcům: ,Když se někdo neúmyslně prohřeší proti kterémukoli příkazu Hospodinovu něčím, co se dělat nesmí, a dopustí se něčeho proti některému z nich, pak platí: Jestliže se prohřeší pomazaný kněz a uvalí tím vinu na lid, ať přivede Hospodinu za svůj hřích, jehož se dopustil, mladého býčka bez vady k oběti za hřích.'"

Zde se v duchovním slova smyslu myslí "Izraelci" všechny Boží děti. "Když se někdo neúmyslně prohřeší proti kterémukoli příkazu Hospodinovu něčím, co se dělat nesmí, a dopustí se něčeho proti některému z nich" znamená, kdykoliv je porušen Boží zákon, nalezený v jeho Slově zaznamenaném v 66 knihách Bible o tom, co "se dělat nesmí".

Když kněz – v dnešní terminologii pastor, který vyučuje a káže Boží slovo – poruší Boží zákon, mzda hříchu postihne i lidi okolo. Protože nevyučoval své stádo pravdě nebo podle ní sám nežil, jeho hřích je těžký, třebaže se hříchů dopustil nevědomky. Je to nicméně mimořádně zahanbující, že se pastor nedržel Boží vůle.

Například, pokud pastor nesprávně vyučuje pravdu, jeho stádo uvěří jeho slovům, vzpírá se Boží vůli a církev si jako celek vystaví mezi sebou a Bohem hradbu z hříchů. Řekl nám: „Buďte svatí", „Zlého se chraňte v každé podobě" a „V modlitbách neustávejte." A nyní, co by se stalo, kdyby pastor řekl: „Ježíš nás vykoupil ze všech našich hříchů. Takže pokud budeme chodit do církve, budeme spaseni"? Jak nám Ježíš říká v Matoušovi 15:14: „A když vede slepý slepého, oba spadnou do jámy," mzda hříchu pastora je veliká, protože se jak pastor, tak jeho stádo, oddělí od Boha. Jestliže tedy kněz zhřeší "a uvalí tím vinu na lid", musí Bohu přinést oběť za hřích.

1) Mladý býček bez vady přinesený jako oběť za hřích

Když hřeší pomazaný kněz, je to jako by „tím uvalil vinu na lid" a musí si být vědom toho, že mzda jeho hříchu je veliká. Ve 2-4. kapitole 1 Samuelovy zjistíme, co se stalo, když se synové kněze Élího dopouštěli hříchu tím, že si brali oběti, které se přinášely Bohu, pro svůj vlastní prospěch. Když Izrael prohrál válku proti Pelištejcům, Élího synové byli zabiti a 30 000 izraelských pěších přišlo o život. Tím, že byla Izraelcům sebrána dokonce i Boží schrána, stal se Izrael jako celek předmětem utrpení.

To je důvod, proč oběť smíření musela mít nejvyšší cenu ze všech: mladý býček bez vady. Mezi všemi oběťmi Bůh nejraději přijímá mladé býčky a mladé beránky, přičemž cena mladého býčka je větší. Co se týče oběti za hřích, kněz musí obětovat nejenom libovolného mladého býčka, ale mladého býčka bez vady. To v duchovním slova smyslu znamená, že oběti se nemohou přinášet zdráhavě či bez jakékoli radosti, ale každá oběť musí být celá živá oběť.

2) Přinášení oběti za hřích

Kněz přinese býčka, který má být obětován jako oběť za hřích, ke vchodu do stanu setkávání před Hospodina, vloží ruku na hlavu býčka a porazí jej, pak vezme trochu krve z býčka a přinese ji ke stanu setkávání, namočí prst v krvi a sedmkrát z ní stříkne před Hospodinem na oponu svatyně (Leviticus 4:4-6). Vložení ruky na hlavu býčka znamená připsání hříchů člověka zvířeti. Zatímco by člověk, který se dopustil hříchů, měl být předmětem smrti, vložením ruky na hlavu oběti člověk přijímá odpuštění svých hříchů tím, že připíše své hříchy zvířeti a potom ho porazí.

Kněz pak vezme trochu jeho krve, namočí v ní prst a sedmkrát z ní stříkne ve svatyni uvnitř stanu setkávání na oponu svatyně. "Opona svatyně" je hrubý závěs, který odděluje svatyni od nejsvětější svatyně. Oběti se obvykle nepřinášejí uvnitř svatyně, ale na oltáři na nádvoří chrámového příbytku, nicméně kněz vstupuje do svatyně s krví oběti za hřích a stříkne z ní na oponu svatyně, právě před nejsvětější svatyní, ve které přebývá Bůh.

Namočení prstu v krvi symbolizuje skutek naléhavé prosby o odpuštění. Symbolizuje to, že člověk nečiní pokání pouze ústy nebo sliby, ale rovněž nese ovoce pokání skutečným zavržením hříchu a zla. Namočení prstu v krvi a stříknutí z ní "sedmkrát" – "sedm" je v duchovním světě číslo dokonalosti – znamená, že člověk zcela zavrhne své hříchy. Člověk může obdržet dokonalé odpuštění až potom, co zcela zavrhne své hříchy a už znovu nehřeší.

Kněz potře trochou krve také rohy oltáře pro pálení kadidla z vonných látek před Hospodinem, oltáře, který je ve stanu setkávání a všechnu ostatní krev pak vyleje ke spodku oltáře pro zápalné oběti, jenž je u vchodu do stanu setkávání (Leviticus 4:7). Oltář pro pálení kadidla z vonných látek – kadidlový oltář – je oltář připravený pro pálení kadidla. Když kadidlo sežehnou plameny, Bůh kadidlo přijal. Navíc, rohy představují v Bibli krále a jeho důstojnost a postavení. Vztahují se na krále, našeho Boha (Zjevení 5:6). Potření rohů oltáře pro pálení kadidla z vonných látek krví slouží jako doklad toho, že Bůh, náš Král, oběť přijal.

A nyní, jak můžeme v dnešní době činit pokání způsobem, který Bůh přijme? Již dříve bylo zmíněno, že hřích a zlo se zavrhovaly tak, že se namočil prst v krvi oběti za hřích a pokropil se s ní oltář dokola. Potom, co si uvědomíme hříchy a vyznáme je, musíme přijít do svatyně a vyznat je v modlitbě. Zrovna jako se krví oběti potřou také rohy oltáře, aby ji Bůh přijal, musíme předstoupit před autoritu našeho Krále Boha a přednést mu modlitbu pokání. Musíme přijít do modlitebny, pokleknout a modlit se ve jménu Ježíše Krista vprostřed působení Ducha svatého, který umožní, aby na nás sestoupil duch pokání.

Tímto se nemá na mysli, že musíme s pokáním počkat, dokud se nedostaneme do modlitebny. Už ve chvíli, kdy nám dojde, že jsme se prohřešili vůči Bohu, musíme neprodleně činit pokání a odvrátit se od svých cest. Zde se tím, že přijdeme do modlitebny, má na mysli Hospodinův den odpočinku.

Zatímco ve starozákonní době mohli s Bohem komunikovat pouze pomazaní kněží, tak protože dnes v každém z nás přebývá Duch svatý, můžeme se k Bohu modlit přímo a mít s ním důvěrný vztah vprostřed působení Ducha svatého. Modlitbu pokání můžeme rovněž přednést sami vprostřed působení Ducha svatého. Mějte však na mysli, že všechny modlitby přednesené Bohu učiníte dokonalými dodržováním Hospodinova svatého dne odpočinku.

Člověk, který nedodržuje Hospodinův svatý den odpočinku, nemá v duchovním slova smyslu žádný důkaz, že je Boží dítě a nemůže dosáhnout odpuštění, třebaže přednáší Bohu modlitby sám. Bůh přijímá pokání bezpochyby nejenom, když mu člověk předkládá modlitbu pokání sám o sobě potom, co si uvědomí, že zhřešil, ale rovněž, když formálně předkládá modlitbu pokání znovu v Boží svatyni v den odpočinku.

Potom, co se krví potřely rohy oltáře pro pálení kadidla z vonných látek, všechna ostatní krev se pak vylila ke spodku oltáře pro zápalné oběti. Toto je skutek celkového obětování krve, která je životem oběti, Bohu, a v duchovním slova smyslu znamená, že činíme pokání se zcela oddaným srdcem. Získání odpuštění hříchů spáchaných vůči Bohu vyžaduje pokání učiněné z celého našeho srdce, mysli a naše veliké a nejupřímnější úsilí. Kdokoliv, kdo přednesl Bohu opravdové pokání, se neodváží dopustit se stejného hříchu před Bohem znovu.

Dále, kněz odstraní z býčka obětovaného za hřích všechen tuk a obrátí jej na oltáři pro zápalné oběti v obětní dým, jak tomu bývá u býčka pro hod oběti pokojné. Kůži z býčka a všechno maso z něho včetně hlavy a hnátů i vnitřnosti a výměty vynese ven za tábor na čisté místo, kam se sype popel z tuku a na dříví jej spálí ohněm (Leviticus 4:8-12). "Obrátit v obětní dým" znamená, že je v pravdě zničeno něčí já a přežije pouze pravda.

Zrovna jako se z pokojné oběti odstraní tuk, odstraní se také tuk z oběti za hřích a poté se obrátí na oltáři v obětní dým. Obrátit tuk z býčka na oltáři v obětní dým nám vypovídá o tom, že pouze pokání učiněné z celého srdce, mysli a s veškerým úsilím, bude před Bohem přijato.

Zatímco se u zápalné oběti obrátily na oltáři v obětní dým všechny části oběti, u oběti za hřích se všechny části s výjimkou tuku a ledvin vynesou ven za tábor na čisté místo, kam se sype popel z tuku, a na dříví se spálí ohněm. Proč tomu tak je?

Protože je zápalná oběť pravá bohoslužba směřovaná k tomu zalíbit se Bohu a dosáhnout s ním společenství, obrací se na oltáři ve svatyni v obětní dým. Nicméně protože nás má oběť za hřích vykoupit z nečistých hříchů, nemůže se obrátit v obětní dým na oltáři ve svatyni, ale zcela se spálí na místě daleko od místa, kde bydlí lidé.

Dokonce i dnes musíme usilovat o to, abychom zcela zavrhli hříchy, ze kterých jsme činili pokání před Bohem. Musíme sežehnout ohněm Ducha svatého domýšlivost, pýchu, staré já z našich dob ve světě, skutky hříšného těla, které jsou před Bohem nepatřičné a podobně. Oběti obrácené v obětní dým – býčkovi – byly přisouzeny hříchy člověka, který na něj vložil ruku. Proto od této chvíle dál musí tento člověk vycházet jako živá oběť, která se Bohu líbí.

Závěrem, co dnes musíme dělat?

Duchovní význam, který lze nalézt mezi vlastnostmi býčka, který se má obětovat a vlastnostmi Ježíše, který zemřel, aby nás vykoupil z hříchu, byly vysvětleny již dříve. Proto, jestliže jsme činili pokání a obrátili v obětní dým všechny části oběti, tak musíme být od této chvíle, zrovna jako oběť přinesená Bohu, proměňováni stejným způsobem, jakým se náš Pán stal obětí za hřích. Tím, že budeme horlivě sloužit členům církve ve jménu našeho Pána, musíme umožňovat věřícím zbavit se jejich břemen a zahrnovat je pouze pravdou a dobrými věcmi. Tím, že se oddáme členům své církve a pomůžeme jim tříbit půdu jejich srdce v slzách, vytrvalosti a modlitbách, musíme proměňovat své bratry a sestry v pravdivé, posvěcené Boží děti. Bůh bude poté pokládat pokání za pravdivé a povede nás na cestu požehnání. Třebaže nejsme pastory, jak čteme v 1. listu Petrově 2:9: „Vy však jste 'rod vyvolený, královské kněžstvo, národ svatý, lid náležející Bohu'," všichni z nás, kdo věříme v Pána, se musíme stát dokonalými jako kněžstvo a stát se skutečnými Božími dětmi.

Kromě toho, oběť přinášenou Bohu musí doprovázet pokání, když získáváme smíření za naše hříchy. Kdokoliv, kdo hluboce lituje a činí pokání ze svých provinění, bude přirozeně veden k tomu, aby přinášel oběti. Když jsou tyto skutky doprovázené takovýmto srdcem, může být pokládán za toho, kdo usiluje o celkové pokání před Bohem.

3. Oběť za hřích celé pospolitosti

„Jestliže se celá izraelská pospolitost neúmyslně něčeho dopustí a zůstane shromáždění skryto, že se dopustili proti kterémukoli příkazu Hospodinovu něčeho, co se dělat nesmí, přece se provinili. Když vyjde najevo hřích, kterého se dopustili proti příkazu, přivede shromáždění mladého býčka k oběti za hřích a dovedou jej před stan setkávání" (Leviticus 4:13-14).

V dnešní terminologii se "hřích celé pospolitosti" vztahuje na hřích celé církve. Například jsou chvíle, kdy se v církvi vytvářejí frakce mezi pastory, staršími, staršími diákony a obtěžují celé společenství. Jakmile se vytvoří frakce a začnou rozepře, potom církev jako celek končí v hříchu a vytváří si vysokou hradbu z hříchů před Bohem, protože většinu členů církve tyto rozepře ovládají, mluví o sobě navzájem zle nebo vůči sobě navzájem chovají nepřátelství.

I Bůh nám řekl, abychom milovali své nepřátele, sloužili druhým, pokořili se, měli pokoj se všemi lidmi a usilovali o svatost. Jak trapné a žalostné to pro Boha je, když mají služebníci Pána a jejich stádo mezi sebou neshody nebo když bratři a sestry v Kristu stojí proti sobě navzájem? Pokud v církvi dochází k takovým věcem, nebude pod Boží ochranou, nedojde v ní k žádnému probuzení a u členů budou následovat potíže doma a v podnikání.

Jak můžeme dosáhnout odpuštění hříchu celé pospolitosti? Když vyjde najevo hřích celé pospolitosti, musí dovést před stan setkávání mladého býčka. Starší pospolitosti poté vloží před Hospodinem ruce na hlavu oběti, porazí ji před Hospodinem a obětují Bohu stejným způsobem jako oběť za hřích kněze. Obětní dar je u oběti za hřích kněze a u oběti za hřích celé pospolitosti co se týče hodnoty a ceny stejná. To znamená, že v Božích očích je váha hříchu, kterého se dopustí kněz a kterého se dopustí celá pospolitost, stejná.

Přesto, zatímco má být obětním darem u oběti za hřích kněze mladý býček bez vady, obětním darem u oběti za hřích celé pospolitosti má být jednoduše mladý býček. To proto, že není pro celou pospolitost snadné být jednoho srdce a přinést oběť v radosti a vděčnosti.

Když v dnešní době církev jako celek zhřeší a přeje si činit pokání, je možné, že mezi jejími členy jsou lidé bez víry nebo lidé, kteří s neklidem v srdci odmítají činit pokání. Protože není snadné pro celou pospolitost přinést Bohu oběť bez vady, projevil Bůh v tomto ohledu svou milost. Třebaže pár lidí nedokáže přinést oběť z celého svého srdce, tak když většina členů církve činí pokání a odvrátí se od svých cest, Bůh přijme oběť za hřích a odpustí jim.

Protože ne každý člen pospolitosti může vložit svou ruku na hlavu oběti, tak když celá pospolitost přináší Bohu oběť za hřích, vloží své ruce na hlavu oběti jménem pospolitosti starší.

Zbytek procedur je identických s těmi u oběti za hřích kněze ve všech krocích od toho, kdy kněz namočí prst v krvi a sedmkrát z ní stříkne před Hospodinem na oponu, trochou krve potře též rohy oltáře pro pálení kadidla z vonných látek a spálí zbytek částí oběti venku za táborem. Duchovní význam těchto procedur tkví v úplném odvrácení se od hříchu. Musíme rovněž přednést modlitbu pokání ve jménu Ježíše Krista a působením Ducha svatého v Boží svatyni, aby bylo pokání formálně přijato. Potom, co celá pospolitost činí pokání jedním srdcem tímto způsobem, hřích by se již neměl opakovat.

4. Oběť za hřích předáka

V Leviticu 4:22-24 čteme:

„Prohřeší-li se předák a dopustí se neúmyslně proti kterémukoli příkazu Hospodina, svého Boha, něčeho, co se dělat nesmí, provinil se. Je-li mu oznámeno, že se dopustil hříchu, přivede jako dar kozla, samce bez vady. Vloží ruku na hlavu kozla a porazí ho na místě, kde se poráží dobytek pro zápalnou oběť před Hospodinem. To bude oběť za hřích."

Níže než kněží jsou, co se týče postavení "předáci", kteří jsou v pozici vedení a co se týče třídy, liší se od obyčejných lidí. Proto předáci obětují Bohu kozla. Je to méně než býček, kterého přinášejí kněží, ale více než koza, kterou obětují jako oběť za hřích obyčejní lidé.

V dnešní terminologii jsou "předáci" v církvi vedoucí týmů nebo buněk nebo učitelé v nedělní škole. Předáci jsou ti, kdo slouží členům církve ve vedoucích pozicích. Na rozdíl od řadových členů nebo nováčků ve víře, byli odděleni před Bohem a jako takoví, třebaže se dopustili stejných hříchů, musí přinést Bohu větší ovoce pokání.

V minulosti předák vložil ruku na hlavu kozla, samce bez vady, připsal své hříchy kozlovi a poté ho před Bohem porazil. Předák získává odpuštění, když kněz vezme trochu krve z oběti za hřích na prst, potře rohy oltáře pro zápalné oběti a vyleje zbytek krve oběti ke spodku oltáře pro zápalné oběti. Jako v případě oběti pokojné obrátí všechen tuk oběti na oltáři v obětní dým.

Na rozdíl od kněze nestříká předák krev oběti před Hospodinem sedmkrát na oponu svatyně. Když demonstruje své pokání, udělá to tak, že potře rohy oltáře pro zápalné oběti a Bůh to přijme. To proto, že míra víry kněze se liší od míry víry předáka. Protože kněz nemá po pokání nikdy hřešit, musí stříknout krev oběti sedmkrát, což je v duchovním významu číslo dokonalosti.

Předák však může nevědomky zhřešit znovu a z toho důvodu mu není nařízeno sedmkrát stříknout krev oběti na oponu svatyně. To je známka lásky a milosrdenství Boha, který chce přijmout pokání od každého člověka podle jeho úrovně víry a dát mu odpuštění. Dosud byl v diskuzi o oběti za hřích "kněz" přirovnáván k "pastorovi" a "předák" k "vedoucímu pracovníku v církvi". Tato přirovnání se však neomezují pouze na Bohem udělené povinnosti v církvi, ale také se vztahují na měřítko víry každého věřícího.

Pastor by měl být posvěcený vírou a poté pověřený vedením stádečka věřících. Je pouze přirozené pro víru někoho ve vedoucí pozici jako vedoucího týmu nebo buňky nebo učitele nedělní školy být na odlišné úrovni než je obyčejný věřící, třebaže ještě nedosáhl dokonalé svatosti. Protože se úroveň víry od pastora přes vedoucího služebníka po obyčejného věřícího liší, významnost hříchu a úroveň pokání, kterou Bůh hledá, aby ji přijal, se liší, třebaže se všichni dopustili stejného hříchu.

Tím se nemá na mysli, že je pro věřícího přípustné si myslet: ‚Protože není moje víra ještě dokonalá, Bůh mi dá další šanci, i když zhřeším později' a činit pokání s takovým srdcem. Odpuštění od Boha prostřednictvím pokání nebude přijato, když se člověk vědomě a ochotně dopouští hříchu, ale když člověk zhřešil nevědomky a uvědomil si později, že zhřešil a v souladu s tím usiloval o odpuštění. Kromě toho, jakmile se dopustil hříchu a činil pokání, Bůh přijme toto pokání pouze, když vyvine veškeré možné úsilí spolu s horlivou modlitbou, aby se stejného hříchu nedopustil znovu.

5. Oběť za hřích někoho z lidu země

"Někdo z lidu země" jsou lidé malé víry nebo-li obyčejní členové církve. Když se dopouštějí hříchů obyčejní lidé, činí tak ve stavu malé víry, a proto je váha jejich oběti za hřích menší než váha oběti za hřích u kněze nebo předáka. Obyčejný člověk má obětovat Bohu jako oběť za hřích kozu bez vady, která má menší hodnotu než kozel bez vady. Jako v případě oběti za hřích u kněze nebo u předáka kněz namočí prst v krvi oběti za hřích někoho z lidu země, potře rohy oltáře pro zápalné oběti a všechnu ostatní krev vyleje ke spodku oltáře.

Zatímco existuje pravděpodobnost, že někdo z lidu země může později kvůli své malé víře znovu zhřešit, tak pokud lituje a obřeže své srdce v pokání nad hříchy, kterých se dopustil, Bůh projeví svou milost a odpustí mu. Kromě toho, z tohoto jakým způsobem Bůh nařídil, že se má obětovat 'koza', můžeme říct, že hříchy spáchané na této úrovni se snadněji odpouští než hříchy, za které se má obětovat kozel nebo beránek. To neznamená, že Bůh připouští mírné pokání, člověk musí směrem k Bohu učinit opravdové pokání s odhodláním již znovu nezhřešit.

Když si člověk s malou vírou uvědomí své hříchy, činí z nich pokání a vynaloží veškeré své úsilí na to, aby se již nedopustil stejných hříchů, frekvence se kterou hřeší, se sníží z deseti na pět a poté na tři. Nakonec bude schopný hřích zcela zavrhnout. Bůh přijímá pokání doprovázené ovocem. Nepřijme pokání ani od nováčka ve víře, pokud se toto pokání skládá pouze z bohoslužby rtů bez odvrácení srdce od hříchu.

Bůh se bude radovat a milovat nováčka ve víře, který činí neprodleně pokání ze svých hříchů, kdykoliv je rozpozná a horlivě je zavrhne. Namísto ujištění se nejenom v pokání, ale také v modlitbě, uctívání a každém dalším aspektu života v Kristu: 'To je, na čem stojí má víra, takže to mi stačí', tak když někdo usiluje o to jít dopředu a mimo své vlastní schopnosti, bude předmětem ještě větší přetékající lásky a požehnání od Boha.

Když si někdo nemohl dovolit přinést kozu, a proto přivedl jako dar k oběti za hřích jehně, musela to být samička bez vady (Leviticus 4:32). Chudí přinášeli dvě hrdličky nebo dvě holoubata a ještě chudší malé množství bílé mouky (Leviticus 5:7, 11). Spravedlivý Bůh tak roztřídil a přijímal oběti za hřích podle míry víry každého jedince.

Dosud jsme probírali, jak získat usmíření a pokoj s Bohem zkoumáním obětí za hřích přinášených Bohu lidmi v různém postavení a s různými povinnostmi. Mám naději, že každý čtenář dosáhne pokoje s Bohem tím, že bude vždy zkoumat své vlastní Bohem přidělené povinnosti a stav své víry stejně jako činit důkladné pokání z jakýchkoliv chyb a hříchů, kdykoliv na své cestě za Bohem narazí na hradbu z hříchů.

Kapitola 7

Oběť za vinu

„Jestliže se někdo těžce zpronevěří tím, že se neúmyslně prohřeší proti svatým věcem Hospodinovým, jako pokutu přivede Hospodinu z bravu berana bez vady, jehož cenu stanovíš v šekelech stříbra podle váhy určené svatyní, jako oběť za vinu."

Leviticus 5:15

1. Význam oběti za vinu

Oběť za vinu se přináší Bohu jako odškodnění za spáchaný hřích. Když Boží lid hřeší proti Bohu, musí mu přinést oběť za vinu a činit před ním pokání. V závislosti na druhu hříchu však člověk, který se dopustil hříchu, nemůže pouze odvrátit své srdce od hříšných cest, ale musí rovněž převzít zodpovědnost za svá provinění.

Například si někdo půjčí věc, která patří jeho příteli, ale nešťastnou náhodou ji zničí. Nemůže pouze říct: „Je mi to líto." Nemůže se pouze omluvit, ale také svého přítele za zničenou věc odškodnit. Jestliže mu nedokáže nahradit škodu za věc, kterou zničil, v naturáliích, musí svému příteli zaplatit odpovídající sumu, aby ztrátu vyrovnal. To je skutečné pokání.

Přinesení oběti za vinu představuje dosažení pokoje odškodněním nebo převzetím zodpovědnosti za provinění. To stejné se vztahuje na pokání před Bohem. Zrovna jako musíme vykompenzovat škodu, kterou jsme způsobili našim bratrům a sestrám v Kristu, musíme Bohu projevit skutky řádného pokání potom, co proti němu zhřešíme, aby naše pokání bylo úplné.

2. Okolnosti a metody přinášení oběti za vinu

1) Potom, co podá nepravdivé svědectví

Leviticus 5:1 nám říká: „Prohřeší-li se někdo tím, že slyšel vyslovit kletbu a byl toho svědkem, ať už to viděl nebo se o tom dozvěděl, jestliže to neoznámí, ponese svou vinu." Jsou chvíle kdy lidé, dokonce i potom, co přísahají, že poví pravdu, podají nepravdivé svědectví, když jsou v sázce jejich vlastní zájmy. Například, dejme tomu, že se vaše vlastní dítě dopustilo zločinu a byl z něho obviněn nevinný člověk. Kdybyste stáli na lavici svědků, věříte tomu, že byste dokázali poskytnout přesné svědectví? Kdybyste zůstali potichu, abyste ochránili své dítě, čímž byste způsobili škodu druhým, lidé by se sice nemuseli dozvědět pravdu, ale Bůh dohlíží na všechno. Proto musí svědek dosvědčit přesně, co viděl a slyšel, aby zajistil, že skrze spravedlivý soud nebude nikdo nespravedlivě trpět.

Stejné je to v našem každodenním životě. Mnoho lidí nedokáže správně vyjádřit, co viděli a slyšeli a podle svého vlastního úsudku podávají nesprávné informace. Někteří další poskytují nepravdivé svědectví tím, že si vymýšlejí historky o tom, že viděli něco, co ve skutečnosti neviděli. Díky takovýmto nepravdivým svědectvím se nevinným lidem nespravedlivě připisují zločiny, kterých se nedopustili, a tudíž trpí nespravedlivě. V Jakubově listu 4:17 najdeme: „Kdo ví, co je činit dobré, a nečiní, má hřích." Boží děti, které znají pravdu, musejí rozlišovat podle pravdy a podávat pravdivé svědectví, aby se nikdo jiný nedostal do potíží ani neutrpěl škodu.

Pokud se v našem srdci usadí dobrota a pravda, budeme vždy mluvit ve všem pravdu. Nebudeme mluvit o nikom špatně ani na nikoho svalovat vinu, překrucovat pravdu nebo dávat nepodstatné odpovědi. Pokud někdo poškodí druhé tím, že se odmítá vyjádřit, když je o to žádán nebo vydává nepravdivé svědectví, musí Bohu přinést oběť za vinu.

2) Potom, co přijde do kontaktu s čímkoli nečistým
V Leviticu 5:2-3 čteme:

Anebo když se někdo dotkne čehokoli nečistého, buď zdechliny nečistého divokého zvířete nebo zdechliny nečistého domácího zvířete nebo zdechliny nečisté drobné havěti, i když mu to nebylo známo, je nečistý a provinil se. Anebo když se někdo dotkne lidské nečistoty, jakékoli nečistoty, jíž se může znečistit, i když mu to nebylo známo, ale potom se to dozví, provinil se.

"Čehokoli nečistého" se zde v duchovním slova smyslu vztahuje na veškeré lživé chování, které je proti pravdě. Takové chování zahrnuje všechno viděné, slyšené nebo vyslovené stejně jako věci pociťované tělem a srdcem. Existují věci, které jsme před tím, než jsme se dozvěděli pravdu, nepokládali za hříšné. Potom, co se však dozvíme pravdu, začneme pokládat stejné věci za nesprávné v Božích očích. Například, když jsme neznali Boha, mohli jsme se náhodou setkat s násilím a s takovými obscénními materiály jako je pornografie, ale neuvědomovali jsme si v té době, že takové věci jsou nečisté. Nicméně, potom, co jsme začali žít svůj život v Kristu, dozvěděli jsme se, že takové věci jsou proti pravdě. Jakmile si uvědomíme, že jsme dělali věci, které jsou pokládány za nečisté, když se měří vůči pravdě, musíme činit pokání a přinést Bohu oběť za vinu.

Dokonce i v našem životě v Kristu jsou chvíle, kdy neúmyslně vidíme a slyšíme špatné věci. Bylo by dobré, kdybychom chránili své srdce potom, co jsme takové věci viděli nebo slyšeli. Avšak protože je tu možnost, že věřící nebude moci ochránit své srdce, ale přijme pocity, které doprovázejí takové nečisté věci, musí činit pokání neprodleně potom, co rozpozná svůj hřích a přinést Bohu oběť za vinu.

3) Potom, co pronese přísahu

V Leviticu 5:4 čteme: „Anebo když někdo nerozvážně pronese přísahu, že udělá něco zlého nebo dobrého, vším, k čemu se člověk přísahou nerozvážně zavázal, i když mu to nebylo známo, ale potom se to dozví, každou jednotlivostí se provinil." Bůh nám zakázal přísahat "že uděláme něco zlého nebo dobrého".

Proč nám Bůh zakazuje přísahat, činit sliby nebo se zavazovat přísahou? Pro Boha je přirozené zakázat nám přísahat, že „uděláme něco zlého", ale zakazuje nám rovněž přísahat, že "uděláme něco dobrého", protože člověk nedokáže na 100% dodržet to, co přísahal (Matouš 5:33-37; Jakubův list 5:12). Dokud se nestane dokonalým podle pravdy, může srdce člověka kolísat podle jeho vlastních zájmů a emocí a nedodrží to, co přísahal. Kromě toho, jsou chvíle, kdy nepřítel ďábel a satan zasáhne do života věřících a brání jim v naplnění jejich přísahy, takže mohou vytvořit půdu pro naření věřících. Přemýšlejte nad tímto extrémním příkladem: Dejme tomu, že někdo přísahal: „Zítra udělám to a to," ale náhle ještě v ten den zemře. Jak by mohl svou přísahu splnit?

Z toho důvodu člověk nesmí přísahat, že udělá něco zlého, a

i kdyby přísahal, že udělá něco dobrého, namísto přísahy se musí modlit k Bohu a hledat u něj sílu. Například, pokud by stejná osoba měla přísahat, že se bude ustavičně modlit, tak místo přísahy: „Budu chodit každý den na noční modlitební setkání," by se měla modlit: „Bože, pomož mi ustavičně se modlit a ochraň mě před zásahem nepřítele ďábla a satana." Pokud někdo ukvapeně přísahal, musí činit pokání a přinést Bohu oběť za vinu.

Pokud dojde ke hříchu za jakékoli ze tří okolností výše, člověk „přivede Hospodinu jako pokutu za prohřešek, jehož se dopustil, samici z bravu, ovci nebo kozu, v oběť za hřích. Pro jeho hřích vykoná za něho kněz smírčí obřady" (Leviticus 5:6).

Zde se společně s vysvětlením oběti za vinu nařizuje přinesení oběti za hřích. To protože se za hříchy, za které se musí přinést jako dar oběť za vinu, musí rovněž dát oběť za hřích. Oběť za hřích, jak bylo vysvětleno dříve, znamená činit před Bohem pokání nad hříchem a zcela se od tohoto hříchu odvrátit. Avšak, rovněž bylo vysvětleno, že když si hřích žádá nejenom, aby člověk odvrátil své srdce od hříšných cest, ale také aby převzal zodpovědnost, oběť za vinu činí jeho pokání dokonalým, když uhradí platbu za způsobenou ztrátu nebo zranění, nebo převezme zodpovědnost prostřednictvím konkrétních skutků.

Za takových okolností nemůže člověk pouze provést odškodnění, ale musí přinést Bohu oběť za vinu doprovázenou obětí za hřích, protože musí před Bohem činit pokání. I kdyby se člověk dopustil něčeho špatného vůči druhému člověku, tak protože se dopustil hříchu, kterého se jako Boží dítě dopustit neměl, musí činit pokání před svým nebeským Otcem.

Dejme tomu, že nějaký muž podvede svou sestru a vezme jí majetek, ktcrý jí patří. Jestliže si bratr přeje činit pokání, musí nejprve roztrhnout své srdce v pokání před Bohem a zbavit se chamtivosti a klamu. Potom musí získat od své sestry, vůči které se dopustil špatnosti, odpuštění. Nyní se nemůže omluvit pouze svými ústy, ale musí ji odškodnit v takové výši, v jaké jí způsobil ztrátu kvůli svým skutkům. Zde je jeho "obětí za hřích" skutek odvrácení se od jeho hříšných cest a pokání před Bohem a jeho "obětí za vinu" skutek pokání hledáním odpuštění u jeho sestry a náhrada a kompenzace za její ztrátu.

V Leviticu 5:6 Bůh nařizuje, aby jako oběť za hřích, která doprovází oběť za vinu, obětoval samici z bravu, ovci nebo kozu. V následujícím verši čteme, že ten, kdo si nemohl dovolit ovci nebo kozu, přinese Hospodinu jako oběť za vinu dvě hrdličky nebo dvě holoubata. Pamatujte, že se obětují dva ptáci. Jedno jako oběť za hřích a druhé jako zápalná oběť.

Proč Bůh nařídil, aby se zápalná oběť přinesla ve stejnou dobu jako oběť za hřích v podobě dvou hrdliček nebo dvou holoubat? Zápalná oběť znamená dodržování dne odpočinku. Při pravé bohoslužbě se předkládá Bohu obětní dar bohoslužby v neděli. Proto nám první oběť ze dvou hrdliček nebo ze dvou holoubat jako oběť za hřích spolu se zápalnou obětí říká, že pokání člověka je dokonalé dodržením Hospodinova svatého dne odpočinku. Dokonalé pokání si nejenom žádá pokání člověka v daném okamžiku, kdy si uvědomí, že zhřešil, ale také jeho vyznání hříchů a pokání v Boží svatyni v den odpočinku.

Jestliže je člověk natolik chudý, že nemůže Bohu obětovat ani dvě hrdličky nebo dvě holoubata, potom musí obětovat Bohu jako dar desetinu éfy (míra přibližně 22 litrů nebo 5 galonů) bílé mouky. Oběť za hřích se má vykonat se zvířetem, protože je to oběť odpuštění. Bůh však ve svém milosrdenství dovolil chudým, kteří mu nebyli s to obětovat zvíře, aby mu místo něj obětovali mouku a tím mohli získat odpuštění svých hříchů.

Mezi obětí za hřích v podobě mouky a přídavnou obětí v podobě mouky existuje rozdíl. Zatímco se do přídavné oběti přidává olej a kadidlo, aby byla voňavá a jevila se bohatší, do oběti za hřích se žádný olej ani kadidlo nepřidává. Proč je tomu tak? Sežehnout plameny oběť smíření si nese stejný význam jako sežehnout plameny něčí hřích.

Skutečnost, že se žádný olej ani kadidlo do mouky nepřidává, když se na to díváme z duchovního hlediska, nám vypovídá o tom, jaký postoj musí mít člověk, když přichází před Boha činit pokání. 1 Královská 21:27 nám říká, že když král Achab činil pokání před Bohem, "roztrhl svůj šat, přehodil přes sebe žíněné roucho, postil se a spával v žíněném rouchu a chodil zkroušeně". Když někdo rozerve své srdce v pokání, bude se přirozeně podle toho chovat, uplatní sebeovládání a pokoří se. Bude opatrný na to, co pronese a na způsob, jakým se chová a dá Bohu najevo, že se snaží žít zdrženlivý život.

4) Potom, co se prohřeší proti svatým věcem Hospodinovým nebo způsobí bratrům v Kristu ztrátu

V Leviticu 5:15-16 čteme:

Jestliže se někdo těžce zpronevěří tím, že se neúmyslně prohřeší proti svatým věcem Hospodinovým, jako pokutu přivede Hospodinu z bravu berana bez vady, jehož cenu stanovíš v šekelech stříbra podle váhy určené svatyní, jako oběť za vinu. Nahradí také, čím se proti svatým věcem prohřešil, a přidá nad to pětinu. Dá to knězi a kněz za něho obětí berana za vinu vykoná smírčí obřady, a bude mu odpuštěno.

"Svaté věci Hospodinovy" se vztahují na Boží svatyni nebo na všechny předměty v Boží svatyni. Ani pastor ani jedinec, který přináší oběť, nesmí z vlastní vůle vzít, použít nebo prodat jakýkoli předmět, který byl oddělen pro Boha a tudíž je pokládán za svatý. Kromě toho věci, které máme mít za posvátné, nejsou omezené pouze na "svaté věci", ale vztahují se na celou svatyni. Svatyně je místo, které si Bůh oddělil a kterému přisoudil své jméno.

Ve svatyni se nesmí vyřknout žádná světská ani nepravdivá slova. Věřící, kteří jsou rodiči, musí rovněž vyučovat své děti, aby neběhaly a nehrály si, nevydávaly rušivé zvuky, nedělaly nepořádek, nešpinily ani neničily svaté věci ve svatyni.

Pokud dojde ke zničení svatých věcí v důsledku nehody, člověk, který předmět zničil, ho musí nahradit předmětem, který je lepší, dokonalejší a bez vady. Navíc, náhrada nesmí být v množství nebo hodnotě poškozeného předmětu, ale "přidá nad to pětinu" jako oběť za vinu. Bůh to tak nařídil, aby nám připomenul, že se máme chovat přiměřeně a ovládat se. Kdykoliv přijdeme do kontaktu se svatými věcmi, musíme být vždy obezřetní a zdrženliví, abychom nezneužili nebo nepoškodili věci, které patří Bohu. Jestliže něco zničíme kvůli své neopatrnosti, musíme činit pokání z hloubi svého srdce a provést odškodnění ve větším množství nebo hodnotě než bylo množství nebo hodnota poškozených předmětů.

Leviticus 5:21-24 nám říká o způsobech, jakými může jedinec získat odpuštění hříchů, když "zapře svému bližnímu věc, kterou měl v úschově, ať svěřenou či zabavenou, nebo svého bližního vydírá" nebo "najde ztracenou věc a křivopřísežně to zapře". Toto je způsob, jak činit pokání z provinění, kterých se dopustil ještě předtím, než uvěřil v Boha a jak činit pokání a získat odpuštění potom, co si sám uvědomí, že nevědomky vzal něco z majetku někoho jiného.

Aby dosáhl usmíření za takový hřích, musí vrátit původnímu vlastníkovi nejenom vlastní předmět, který vzal, ale také "nad to přidá pětinu" hodnoty předmětu. "Nad to přidá pětinu" nezbytně neznamená pouze to, že je podíl určen číselně. Rovněž to znamená, že když někdo projeví skutky pokání, musí to vyvěrat z hloubi jeho srdce. Potom mu Bůh odpustí jeho hříchy. Například, jsou chvíle, kdy se ne všechna provinění z minulosti dají jednotlivě spočítat a přesně splatit. V takových případech všechno, co je zapotřebí udělat, je horlivě projevovat skutky pokání od této chvíle dále. Pomocí peněz, které člověk vydělal v práci nebo při podnikání, může horlivě dávat na Boží království nebo poskytnout finanční podporu lidem v nouzi. Když stupňuje takovéto skutky pokání, Bůh rozpozná jeho srdce a odpustí mu jeho hříchy.

Pamatujte prosím na to, že pokání je nejdůležitější ingrediencí v oběti za vinu nebo v oběti za hřích. Bůh od nás nežádá vykrmené tele, ale zkroušeného ducha (Žalm 51:19). Proto, když uctíváme Boha, musíme činit pokání z hříchu a zla z hloubi svého srdce a nést odpovídající ovoce. Mám naději, že pokud přinesete Bohu uctívání a oběti způsobem, který se mu líbí, a svůj život jako živou oběť, která mu bude milá, budete vždy kráčet vprostřed jeho přetékající lásky a požehnání.

Kapitola 8

Přinášet své tělo jako živou a svatou oběť

„Vybízím vás, bratří, pro Boží milosrdenství, abyste sami sebe přinášeli jako živou, svatou, Bohu milou oběť; to ať je vaše pravá bohoslužba."

Římanům 12:1

1. Tisíc zápalných obětí Šalomouna a požehnání

Šalomoun usedl na trůn ve věku 20 let. Od malička byl vychováván ve víře prorokem Nátanem, miloval Boha a dodržoval nařízení svého otce, krále Davida. Potom, co nastoupil na trůn, obětoval Šalomoun Bohu tisíc zápalných obětí. Obětovat tisíc zápalných obětí nebylo v žádném případě snadným úkolem. Existovalo mnoho omezení s ohledem na místo, čas, obsah oběti a metody, které se ve starozákonní době na oběti kladly. Navíc, na rozdíl od obyčejných lidí, král Šalomoun vyžadoval větší místo, protože ho doprovázelo mnoho lidí a musel přinášet větší množství obětí. Ve 2 Paralipomenon 1:2-3 se říká: „Šalomoun vydal rozkaz celému Izraeli, velitelům nad tisíci a nad sty, soudcům a všem předákům z celého Izraele, totiž představitelům rodů, a ubírali se, Šalomoun s celým shromážděním, na posvátné návrší v Gibeónu; tam byl Boží stan setkávání, který na poušti zhotovil Mojžíš, služebník Hospodinův." Šalomoun šel do Gibeónu, protože tam byl stan setkávání, který na poušti postavil Mojžíš.

S celým shromážděním Šalomoun "obětoval na bronzovém oltáři, který byl u stanu setkávání" a přinesl tam Hospodinu tisíc zápalných obětí. Bylo již vysvětleno dříve, že zápalná oběť znamená obětovat Bohu vůni pocházející ze sežehnutí obětovaného zvířete plamenem a to, že se obětuje Bohu život, znamená dokonalou oběť a oddanost.

V tu noc se Šalomounovi ve snu zjevil Bůh a řekl mu: „Žádej, co ti mám dát" (2 Paralipomenon 1:7). Šalomoun odpověděl:

Ty jsi prokazoval velké milosrdenství mému otci Davidovi a mne jsi po něm ustanovil za krále. Nyní, Hospodine Bože, nechť se prokáže spolehlivost tvého slova daného mému otci Davidovi. Ty jsi mě přece ustanovil za krále nad lidem tak početným, jako je prach země. Dej mi tedy moudrost a umění, abych dovedl před tímto lidem vycházet a vcházet. Vždyť kdo by mohl soudit tento tvůj lid, jenž je tak četný? (2 Paralipomenon 1:8-10).

Šalomoun nežádal bohatství, skvosty, slávu, životy svých nepřátel ani dlouhý život. Prosil pouze o moudrost a umění, kterými by mohl lidu dobře vládnout. Bohu se Šalomounova odpověď líbila a dal králi nejenom moudrost a umění, o které prosil, ale také bohatství, skvosty a slávu, z nichž ani o jednu věc král nežádal.

Bůh pověděl Šalomounovi: „Budou ti dány moudrost a umění, ale dám ti i bohatství, skvosty a slávu, takže se ti nevyrovná žádný z králů, kteří byli před tebou, ani z těch, co přijdou po tobě" (v. 12).

Když Bohu přinášíme pravou bohoslužbu způsobem, který se mu líbí, on nám na oplátku požehná, takže se nám bude ve všech ohledech dařit a budeme mít dobré zdraví, zrovna jako se bude dobře dařit naší duši.

2. Od doby příbytku po dobu chrámu

Po sjednocení království a nastolení stability však přetrvala jedna věc, která trápila srdce krále Davida, Šalomounova otce: Nebyl ještě postaven Boží chrám. David byl zdrcený, že se Boží schrána skládala z deseti závěsů, zatímco on přebýval v paláci z cedrových stromů a rozhodl se chrám postavit. Bůh to však nepřipustil, protože David prolil mnoho krve v bitvách a proto byl pro stavbu svatého Božího chrámu nevhodný.

Stalo se však ke mně slovo Hospodinovo: „Prolil jsi mnoho krve, vedl jsi velké války. Nebudeš budovat dům pro mé jméno, protože jsi na zemi přede mnou prolil mnoho krve" (1 Paralipomenon 22:8).

Ale Bůh mi řekl: „Ty nemůžeš vybudovat dům pro mé jméno, neboť jsi vedl mnoho bojů a prolil jsi mnoho krve" (1 Paralipomenon 28:3).

Přestože král David nemohl splnit svůj sen o výstavbě chrámu, ve vděčnosti uposlechl Boží slovo. Rovněž připravil zlato, stříbro, bronz, vzácné kameny a cedrové stromy, všechen nezbytný materiál, aby příští král, jeho syn Šalomoun, mohl chrám vystavět.
Čtvrtý rok na svém trůně král Šalomoun přísahal, že dodrží Boží vůli a chrám postaví. Začal stavební projekt na hoře Mórija v Jeruzalémě a dokončil ho za sedm let. Čtyřistaosmdesát let potom, co izraelský lid opustil Egypt, byl Boží chrám dokončen. Šalomoun nechal přinést do chrámu schránu svědectví (schránu

smlouvy) a všechny ostatní svaté věci.

Když kněží přinesli schránu svědectví do nejsvětější svatyně, naplnila dům Boží sláva, "takže kněží kvůli tomu oblaku nemohli konat službu, neboť Hospodinův dům naplnila Hospodinova sláva" (1 Královská 8:11). A tak skončila doba příbytku a začala doba chrámu.

Ve své modlitbě, kdy předkládal chrám Bohu, Šalomoun Boha úpěnlivě prosil, aby odpustil svému lidu, když se budou horlivě modlit obráceni směrem k chrámu i potom, co je postihne neštěstí kvůli jejich hříchům.

Vyslýchej prosbu svého služebníka i Izraele, svého lidu, kterou se budou modlit obráceni k tomuto místu, vyslýchej v místě svého přebývání, v nebesích, vyslýchej a odpouštěj (1 Královská 8:30).

Protože si byl král Šalomoun dobře vědom toho, že výstavba chrámu Boha jak potěšila, tak byla požehnáním, statečně a úpěnlivě prosil Boha za svůj lid. Potom, co vyslechl královu modlitbu, Bůh odpověděl:

Vyslyšel jsem tvou modlitbu a tvou prosbu, s kterou ses na mne obrátil. Oddělil jsem jako svatý tento dům, který jsi vybudoval, a dal jsem tam spočinout svému jménu navěky. Mé oči i mé srdce tam budou po všechny dny (1 Královská 9:3).

Proto, když někdo dnes uctívá Boha co nejupřímněji z celého svého srdce a celou svou myslí na svatém místě, na kterém Bůh přebývá, Bůh se s ním setká a odpoví na touhy jeho srdce.

3. Tělesná bohoslužba a pravá bohoslužba

Z Bible víme, že jsou bohoslužby, které Bůh nepřijímá. V závislosti na srdci, se kterým se bohoslužba přináší, existuje pravá duchovní bohoslužba, kterou Bůh přijímá a tělesná bohoslužba, kterou odmítá.

Adam a Eva byli vyhnáni ze zahrady Eden, protože následovali svou vlastní neposlušnost. Ve 4. kapitole knihy Genesis čteme o jejich dvou synech. Jejich starší syn se jmenoval Kain a jejich mladší syn byl Ábel. Když dospěli, Kain i Ábel přinesli Bohu obětní dar. Kain byl zemědělcem a přinesl Hospodinu "obětní dar z plodin země," (verš 3) zatímco Ábel přinesl oběť "ze svých prvorozených ovcí a z jejich tuku" (verš 4). Na oplátku "shlédl Hospodin na Ábela a na jeho obětní dar, na Kaina však a na jeho obětní dar neshlédl" (verše 4-5).

Proč Bůh nepřijal Kainovu oběť? V Židům 9:22 zjistíme, že oběť přinesená Bohu musí být oběť z krve, kterou dochází k odpuštění podle zákona duchovního světa. Z toho důvodu se ve starozákonní době obětovala zvířata jako býčci nebo beránci, zatímco se tím, že prolil svou krev, stal v novozákonní době obětí usmíření Ježíš, beránek Boží.

Židům 11:4 nám říká: „Ábel věřil, a proto přinesl Bohu lepší oběť než Kain a dostalo se mu svědectví, že je spravedlivý, když Bůh přijal jeho dary; protože věřil, ještě mluví, 'ač zemřel'." Jinými slovy, Bůh přijal Ábelovu oběť, protože Ábel přinesl Bohu oběť z krve podle Boží vůle, ale odmítl přijmout Kainovu oběť, ktcrá nebyla přinesena podle Boží vůle.

V Leviticu 10:1-2 čteme o tom, že Nádab a Abíhú "přinesli před Hospodina cizí oheň, jaký jim nepřikázal" a následkem toho je sežehnul oheň, "takže zemřeli před Hospodinem". V 1. Samuelově knize čteme rovněž o tom, jak Bůh opustil krále Saula potom, co se král dopustil hříchu, kdy vykonal to, co bylo povinností proroka Samuela. Před závěrečnou bitvou s Pelištejci přinesl král Saul oběť Bohu potom, co prorok Samuel nepřišel do stanoveného počtu dnů. Když Samuel dorazil, potom co Saul vykonal oběť, Saul se prorokovi omlouval a řekl mu, že zdráhavě udělal to, co udělal, protože se od něj lid rozprchával. Samuel reagoval tak, že Saula pokáral: „Počínal sis jako pomatenec" a pověděl králi, že ho Bůh opustil.

V Malachiáši 1:6-10 Bůh pokáral děti Izraele za to, že Bohu nepřinášeli jako oběť to nejlepší, co měli, ale obětovali to, co pro ně bylo neužitečné. Bůh dodává, že nepřijme takovou bohoslužbu, která se řídí náboženskými formalitami, ale postrádá srdce lidí. V dnešní terminologii to znamená, že Bůh nepřijímá tělesnou bohoslužbu.

Jan 4:23-24 nám říká, že Bůh rád přijímá pravou bohoslužbu, kterou mu lidé přinášejí v Duchu a v pravdě, a žehná lidem, aby dosáhli spravedlnosti, milosrdenství a věrnosti. V Matoušovi 15:7-9 a 23:13-18 je nám řečeno, že Ježíš svého času do velké míry napomínal farizeje a zákoníky, kteří přísně dodržovali lidské tradice, ale jejichž srdce neuctívala Boha v pravdě. Bůh nepřijímá bohoslužbu, kterou mu člověk přináší svévolně. Bohoslužba se musí přinášet v souladu s principy, které ustanovil Bůh. To je, čím se křesťanství jasně odlišuje od jiných náboženství, jejichž stoupenci vytvářejí bohoslužby, aby uspokojili své vlastní potřeby, a konají bohoslužbu takovým způsobem, který se líbí jim. Na jednu stranu, tělesná bohoslužba je bezvýznamnou bohoslužbou, při níž jedinec pouze přichází do svatyně a účastní se bohoslužby. Na druhou stranu, pravá bohoslužba je skutkem uctívání z hloubi srdce a účastnění se bohoslužby v Duchu a v pravdě Božími dětmi, které milují svého nebeského Otce nade vše. Byť jen dva lidé konají bohoslužbu na stejném místě a ve stejném čase, tak v závislosti na srdci každého z nich Bůh může bohoslužbu jednoho člověka přijmout, zatímco bohoslužbu druhého odmítne. Třebaže lidé přicházejí do svatyně a uctívají Boha, nebude to mít žádný užitek, pokud Bůh řekne: „Tvou bohoslužbu nepřijímám."

4. Přinášet své tělo jako živou a svatou oběť

Jestliže je účelem naší existence velebit Boha, potom musí být bohoslužba středem zájmu našeho života a my musíme žít každou chvíli svého života s postojem uctívání Boha. Živá a svatá oběť, která je Bohu milá, uctívání v Duchu a v pravdě, nenaplníme tím, že navštívíme jednou za týden nedělní bohoslužbu, zatímco žijeme od pondělí do soboty svévolně podle svých vlastních přání a tužeb. Byli jsme povoláni k tomu, abychom uctívali Boha vždy a všude.

Chodit do církve uctívat Boha je prodloužení života v uctívání. Protože jakákoliv bohoslužba, která je oddělená od života člověka, není opravdová bohoslužba, musí být život věřícího jako celek životem pravé bohoslužby obětované Bohu. Musíme Bohu nejenom přinášet krásnou pravou bohoslužbu ve svatyni v souladu s vhodnými postupy a významem, ale musíme rovněž žít svatý a čistý život tak, že budeme zachovávat všechna Boží nařízení ve svém každodenním životě.

Římanům 12:1 nám říká: „Vybízím vás, bratří, pro Boží milosrdenství, abyste sami sebe přinášeli jako živou, svatou, Bohu milou oběť; to ať je vaše pravá bohoslužba." Zrovna jako Ježíš spasil veškeré lidstvo tím, že obětoval své tělo jako oběť, Bůh chce, abychom mu také my předkládali své tělo jako živou a svatou oběť.

Kromě viditelné chrámové budovy je tu Duch svatý, který je jedno s Bohem a přebývá v našich srdcích. Takto se každý z nás rovněž stává Božím chrámem (1 Korintským 6:19-20). Musíme být každý den obnovováni v pravdě a chránit se, abychom byli svatí. Když se Slovo, modlitba a chvála v hojnosti vyskytují v našem srdci a když děláme všechno ve svém životě se srdcem uctívajícím Boha, dáváme pak naše tělo jako živou a svatou oběť, která se Bohu líbí.

Než jsem se setkal s Bohem, byl jsem zasažen mnoha nemocemi. Strávil jsem mnoho dnů v beznadějném zoufalství.

Potom, co jsem proležel nemocný v posteli sedm let, zůstaly mi veliké dluhy za pobyt v nemocnici a za léky. Žil jsem v chudobě. Potom, co jsem se setkal s Bohem, se však všechno změnilo. On mě ihned uzdravil ze všech mých nemocí a já jsem začal nový život. Přemožen jeho milostí jsem začal milovat Boha nade vše. V den odpočinku jsem se za úsvitu probudil, vykoupal jsem se a oblékl jsem si čisté spodní prádlo. Třebaže jsem měl na sobě v sobotu ponožky jen velmi krátce, nikdy jsem si nevzal ty stejné ponožky následující den. Také jsem si oblékl ty nejčistší a nejlepší šaty.

Tím nechci říct, že věřící musí být elegantně oblečení, když jdou na bohoslužbu. Pokud věřící skutečně věří v Boha a miluje ho, je pro něj přirozené se co nejlépe upravit, když přichází před Boha, aby ho velebil. I když někomu okolnosti nedovolí určitý druh oblékání, každý se může co nejlépe obléci a upravit se podle svých možností.

Vždycky jsem si dal záležet, abych měl na dary připravené nové bankovky. Kdykoliv jsem přišel do styku s novými, čerstvě vydanými bankovkami, oddělil jsem je na dary. Dokonce i v naléhavých případech jsem se nedotknul peněz, které jsem si odložil na dary. Víme, že i ve starozákonní době, zatímco existovaly různé úrovně obětí v závislosti na možnostech každého člověka, každý věřící připravil oběť, když přicházel před kněze. Ohledně toho nám Bůh stroze nařizuje v Exodu 34:20: „Nikdo se neukáže před mou tváří s prázdnou."

Jak jsem se naučil od evangelisty, vždy jsem se ujistil, zda mám na každou bohoslužbu připravený dar, ať malý nebo velký. Ačkoliv na zaplacení úroku za dluh mohly jen stěží stačit příjmy, které jsme já a moje manželka měli, ani jednou jsme nedávali zdráhavě ani více či méně nelitovali potom, co jsme dar odevzdali. Jak bychom mohli litovat, když se naše dary použily k záchraně duší a pro Boží království a dosažení jeho spravedlnosti?

Potom, co Bůh viděl naši oddanost, požehnal nám v době, kterou si sám zvolil, takže jsme nakonec mohli veliký dluh splatit. Začal jsem se modlit k Bohu, aby ze mě udělal dobrého staršího, který dokáže zajistit finanční podporu chudým a postará se o sirotky, vdovy a nemocné. Bůh mě však nečekaně povolal k tomu, abych se stal pastorem a dovedl mě k tomu, abych vedl obrovskou církev, která zachraňuje nespočet duší. I když jsem se nestal starším, dokážu poskytnout pomoc velikému množství lidí a byla mi dána Boží moc, díky které mohu uzdravovat nemocné, což je obojí mnohem více, než za co jsem se modlil.

5. "Dokud nebudete dotvořeni v podobu Kristovu"

Zrovna jako rodiče ochotně a velmi těžce pracují, aby uživili své děti potom, co se jim narodí, tak je zapotřebí mnoho dřiny, vytrvalosti a obětí k tomu, aby bylo postaráno o každou duši a ona byla dovedena k pravdě. Ohledně toho vyznává apoštol Pavel v Galatským 4:19: „Znovu vás v bolestech rodím, dokud nebudete dotvořeni v podobu Kristovu."

Protože znám srdce Boha, který pokládá jedinou duši za

vzácnější než cokoliv jiného ve vesmíru a touží vidět, aby všichni lidé dosáhli spasení, i já vynakládám co největší úsilí k tomu dovést i tu nejposlednější duši na cestu spasení a do nového Jeruzaléma. S úsilím dovést úroveň víry členů církve tam, aby "dorostli zralého lidství, měřeno mírou Kristovy plnosti," (Efezským 4:13) jsem se modlil a připravoval slovo pokaždé a při každé příležitosti, kterou jsem měl. Zatímco jsou chvíle, kdy bych raději seděl společně s ostatními členy církve a vesele si s nimi povídal, tak jako pastýř zodpovědný za vedení stáda správným směrem jsem se naučil sebeovládání ve všem a vykonával povinnosti, které mi Bůh svěřil.

Existují dvě touhy, po kterých toužím u každého věřícího. Za prvé bych byl velmi rád, aby mnoho věřících nejenom získalo spasení, ale také přebývalo v novém Jeruzalémě, nejslavnějším místě v nebi. Za druhé bych byl velmi rád, aby všichni věřící unikli chudobě a vedli život v prosperitě. Přitom jak církev prochází probuzením a roste její velikost, roste i množství lidí, kterým se poskytuje finanční podpora a kteří se uzdravují. Řečeno světskou terminologií, není snadným úkolem zaznamenat potřeby a jednat podle potřeb každého člena církve.

Jako nejtěžší břemeno vnímám, když se věřící dopouštějí hříchů. To proto, že vím, že když věřící člověk zhřeší, přijde na to, že se ještě více vzdálil od nového Jeruzaléma. V extrémních případech může dokonce zjistit, že nemůže ani získat spasení. Věřící může dostat odpovědi a získat duchovní nebo fyzické uzdravení až poté, co zboří hradbu z hříchů postavenou mezi sebou a Bohem. Zatímco jsem se držel Boha jménem věřících, kteří zhřešili, nedokázal jsem spát, zápasil jsem s nepokojem, proléval jsem slzy a ztrácel energii nevýslovného rozsahu a strávil nespočetné hodiny a dny postem a modlitbami.

Když Bůh přijal tyto oběti nespočetného množství událostí, projevil lidem svou milost, i těm, kteří byli dříve nehodni spasení, a udělil jim ducha pokání, aby se mohli kát a obdržet spasení. Bůh rovněž rozšířil dveře spasení tak, že mohlo přijít veliké množství lidí po celém světě a slyšet evangelium svatosti a přijmout projevy jeho moci.

Kdykoliv vidím množství věřících, kteří rostou v pravdě, je to pro mě jako pastora ta největší odměna. Stejným způsobem jako nevinný Pán obětoval sám sebe jako dar, jehož vůně je Bohu milá (Efezským 5:2), i já mířím vpřed, abych obětoval Bohu každý aspekt svého života jako živou a svatou oběť za jeho království a duše.

Když děti projevují úctu svým rodičům v den matek nebo v den otců (v Koreji v "Den rodičů") a projevují důkazy své vděčnosti, rodiče nemohou být šťastnější. Třebaže se tyto důkazy vděčnosti nemusejí rodičům líbit, rodiče jsou i přesto velmi potěšeni, protože jsou to důkazy vděčnosti od jejich dětí. Velmi podobným způsobem, když lidé přinášejí Bohu bohoslužbu, kterou připravili s co největším možným úsilím a ve své lásce ke svému nebeskému Otci, je tím potěšen a požehná jim.

Samozřejmě, že žádný věřící by neměl žít během týdne svévolně a projevovat svou oddanost pouze o nedělích! Zrovna jako nám říká Ježíš v Lukášovi 10:27, každý věřící musí milovat Boha celým svým srdcem, duší, silou a myslí a přinášet sám sebe jako živou a svatou oběť každý den svého života. Kéž se každý čtenář tím, že bude uctívat Boha v Duchu a v pravdě a přinášet mu libou vůni svého srdce, v hojnosti těší ze všeho požehnání, které pro něj Bůh připravil.

Autor
Dr. Jaerock Lee

Dr. Jaerock Lee se narodil v roce 1943 v Muanu, v provincii Jeonnam, v Korejské republice. Ve svých dvaceti letech trpěl Dr. Lee po dobu sedmi let rozmanitými nevyléčitelnými chorobami a očekával smrt bez jakékoliv naděje na uzdravení. Nicméně, jednoho jarního dne v roce 1974 ho jeho sestra odvedla na církevní shromáždění, a když poklekl, aby se pomodlil, živý Bůh ho okamžitě uzdravil ze všech jeho nemocí.

Od chvíle, kdy se skrze tuto úžasnou zkušenost Dr. Lee setkal s živým Bohem, začal Boha upřímně milovat celým svým srdcem a v roce 1978 byl povolán k tomu, aby se stal Božím služebníkem. Vroucně se modlil a nesčetněkrát držel spolu s modlitbami půst, aby mohl jasně porozumět Boží vůli, cele ji vykonávat a být poslušný Božímu slovu. V roce 1982 založil v Soulu, v Jižní Koreji, církev Manmin Central Church, kde se od té doby koná nesčetné Boží dílo včetně nadpřirozených uzdravení, znamení a zázraků.

V roce 1986 byl Dr. Lee při výročním shromáždění církve Jesus' Sungkyul Church of Korea ustanoven pastorem a o čtyři roky později, v roce 1990, začala být jeho kázání vysílána v Austrálii, Rusku a na Filipínách. V krátké době se prostřednictvím rozhlasových stanic the Far East Broadcasting Company, the Asia Broadcast Station a the Washington Christian Radio System vysílání rozšířilo do mnoha dalších zemí.

O tři roky později, v roce 1993, byla církev Manmin Central Church vybrána časopisem Christian World (USA) mezi "50 nejpřednějších církví na světě" a Dr. Lee obdržel od fakulty Christian Faith College na Floridě čestný doktorát z teologie. V roce 1996 získal za svou službu od semináře Kingsway Theological Seminary v Iowě titul Ph. D.

Od roku 1993 převzal Dr. Lee vedení světové misie prostřednictvím mnoha zahraničních cest do amerických měst Los Angeles, Baltimoru a New Yorku, dále na Havaj, do Tanzánie, Argentiny, Ugandy, Japonska, Pákistánu, Keni, na Filipíny, do Hondurasu, Indie, Ruska, Německa, Peru, Demokratické republiky Kongo, Izraele a Estonska.

V roce 2002 byl většinou křesťanských novin v Koreji kvůli své mocné službě na rozmanitých zahraničních kampaních oceněn jako "celosvětový evangelista". Obzvláště se jednalo o jeho 'Kampaň v New Yorku 2006', která se konala v Madison Square Garden, nejznámější hale na světě. Událost se vysílala 220 národům a na své 'Sjednocené kampani v Izraeli 2009' pořádané v ICC (International Convention Center) v Jeruzalémě statečně prohlašoval, že Ježíš Kristus je Mesiáš a Spasitel.

Jeho kázání se vysílají 176 národům přes satelit včetně GCN TV a v žebříčku se podle populárního ruského křesťanského časopisu In Victory a nové zpravodajské agentury Christian Telegraph za svou mocnou službu v oblasti TV vysílání a za svou zahraniční církevní pastorační službu umístil jako jeden z 10 nejvlivnějších křesťanských vůdců roku 2009 a 2010.

Ke květnu 2013 je církev Manmin Central Church kongregací s více než 120 000 členy. Má rovněž 10 000 poboček po celé zeměkouli včetně 56 domácích poboček a doposud vyslala více než 129 misionářů do 23 zemí včetně Spojených států, Ruska, Německa, Kanady, Japonska, Číny, Francie, Indie, Keni a mnoha dalších.

Ke dni vydání této knihy napsal Dr. Lee 85 knih včetně bestselerů Tasting Eternal Life before Death (Ochutnání věčného života před smrtí), My Life My Faith I & II (Můj život, má víra I & II), The Message of the Cross (Poselství kříže), The Measure of Faith (Měřítko víry), Heaven I & II (Nebe I & II), Hell (Peklo), Awaken, Israel! (Probuď se, Izraeli!) a The Power of God (Boží moc). Jeho díla byla přeložena do více než 75 jazyků.

Jeho křesťanské sloupky se objevují v The Hankook Ilbo, The JoongAng Daily, The Chosun Ilbo, The Dong-A Ilbo, The Munhwa Ilbo, The Seoul Shinmun, The Kyunghyang Shinmun, The Korea Economic Daily, The Korea Herald, The Shisa News a v The Christian Press.

Dr. Lee je v současné době vedoucím mnoha misionářských organizací a asociací. Jeho pozice zahrnují: předseda The United Holiness Church of Jesus Christ; prezident Manmin World Mission; stálý prezident The World Christianity Revival Mission Association; zakladatel & předseda výboru Global Christian Network (GCN); zakladatel & předseda výboru World Christian Doctors Network (WCDN); a zakladatel & předseda výboru Manmin International Seminary (MIS).

Další mocné knihy od stejného autora

Nebe I & II

Podrobný náčrt úžasného životního prostředí, z kterého se budou těšit nebeští občané a krásný popis různých úrovní nebeských království.

Poselství Kříže

Mocné poselství vyzývající k probuzení všechny lidi, kteří duchovně spí! V této knize najdete skutečnou Boží lásku a důvod, proč je Ježíš jediným Spasitelem.

Peklo

Vážné poselství celému lidstvu od Boha, který si přeje, aby ani jedna duše nepropadla do hloubek pekla! Objevíte nikdy předtím nezjevený popis kruté reality dolního podsvětí a pekla.

Duch, Duše a Tělo I & II

Průvodce, který nám umožní duchovní porozumění duchu, duši a tělu a pomůže nám objevit, jaký druh ‚já' jsme si vytvořili, abychom pak mohli získat moc porazit temnotu a stát se člověkem ducha.

Měřítko Víry

Jaký nebeský příbytek, koruna a odměna jsou pro vás připraveny v nebi? Tato kniha vám poskytne moudrost a vedení, abyste dokázali změřit svou víru, co nejlépe ji tříbit a dozrát v ní.

Probuď se, Izraeli!

Proč Bůh od počátku tohoto světa až do dnešního dne upírá své oči právě na Izrael? Jakou prozíravost v posledních dnech připravil pro Izrael, který stále očekává Mesiáše?

Můj Život, Má Víra I & II

Nejvoňavější duchovní vůně vytažená z života, který vykvetl z nepřekonatelné Boží lásky uprostřed temných vln, chladného jha a nejhlubšího zoufalství.

Boží Moc

Četba, která slouží jako nepostradatelný průvodce, díky němuž můžete získat opravdovou víru a zažít úžasnou Boží moc.

www.urimbooks.com

www.ingramcontent.com/pod-product-compliance
Lightning Source LLC
LaVergne TN
LVHW021827060526
838201LV00058B/3536